ALLES GUTE!

A German Course for Television Companion Guide

by

Ralf A. Baltzer and Dieter Strauss

with the assistance of
Mechthild Gerdes and Barbara Stenzel

LANGENSCHEIDT
Berlin – Munich – Leipzig – Vienna – Zurich – New York

The language film "Alles Gute" is a co-production of Goethe-Institut and Inter Nationes.

Layout and illustration by Theo Scherling
Edited by Mechthild Gerdes and Barbara Stenzel
English translation by Vincent Docherty and Lori Darnell

We recommend the use of audio cassette A along with the book (Item No. 96900).
All 26 episodes of the television course (running time 390 minutes) are also available on video cassette.

📼	Texts that display this symbol are on audio cassette A.
cf.p. ▸	This arrow refers you to the Reference Grammar at the end of the book.

Printed in Germany · ISBN 3-468-96870-1

4 5 6 7 8 * 98 97 96 95 94

Foreword

We're glad that you've decided to try learning German with the help of this TV course, and we'd like to wish you not only lots of fun, but also "Alles Gute" – "all the best"!

This handbook is intended to enable you to review the individual episodes in the television series. The 26 chapters in the book correspond to the 26 TV episodes.

It is not recommended that you watch the film and use the book at the same time – doing so would distract you from either one or the other.

First give yourself a chance to 'take in' an entire episode and let Martin, Max, Melanie and Amelie – all of whom will introduce themselves to you as your guides – lead you through a variety of entertaining situations in which you'll hear phrases that you'll be able to put to practical use in similar – but real – everyday situations with Germans. Surely it won't take you long to realize that the things Max, Melanie and Amelie experience in the various episodes are not to be taken too seriously. Max, Melanie and Amelie themselves will keep appearing in different roles – on one occasion they're just getting to know each other, then again they're married, then they do business with each other, and so on. In the second part of each episode we'll take you with us on a trip to Germany, where you can get to know the country and its people in a story set in everyday life.

The chapters in the handbook run parallel to the TV episodes: they start off with exercises involving Max, Melanie and Amelie, followed by a reconstruction of the story set in Germany.

We suggest that you do the exercises right after you've watched the TV program. You can also work with the audiocassette that comes with this course – Cassette A. Any portion of this book marked with this symbol are available on cassette. That way, with just half an hour a session (15 minutes TV, 15 minutes book/cassette), you'll be able to learn the basics of a new language. (If you already know some German, so much the better ... but you don't have to in order to use this course.)

You can do all the exercises on your own and write the answers directly in the book. If on occasion you need more room, you can, of course, use a note-pad. If you should happen to miss an episode, you can catch up on what you've missed by just using the book – in which case you might find a few questions that you can't answer, but it will only be those aimed at testing how well you've remembered what happened in the TV episode.

At the end of each chapter you'll find a glossary and key, together with a translation of the dialogs. To help your understanding of the stories set in Germany, we've added brief explanatory notes at the bottom of the appropriate pages. Apart from that, you should try to understand the excerpts from the screenplay as far as possible without the aid of a dictionary. You'll be able to recognize most of the words from the dialogs with Max, Melanie and Amelie that have gone before, and you should be able to guess the meaning of other words either from the context or because they are similar to expressions in your own language. Don't be discouraged by individual words you're not (yet) familiar with. What's important is that you get an overall picture of the story and understand the central theme of the text. You'll generally find the grammar explained where you need it to do an exercise – that is, on the same page. Should you want more detailed information, you can refer to the grammar appendix. The references on the exercise pages will help you find what you're looking for. At the end of the book there is also a word list comprising all the words used in the handbook and indicating where they appear in translation for the first time.

If all of this has whetted your appetite: there is also a Study Guide that goes with this TV course which will help you to practice and add to what you've learned here.

And now, it's your turn. Once again: Alles Gute!

Contents

1

Wie heißt du?

> Hallo!
> Ich heiße Max.

> Hallo!
> Mein Name ist Martin.

> Guten Tag.
> Ich heiße Melanie.

1 Underline the <u>names</u> and the <u>international words</u> in the balloons.

The photos and what you remember from the film will no doubt help your understanding.

2 Complete the German text.

① _Das ist Amelie._

② _Das ist_

③ _____

④ _____

Max would like to get to know Melanie. What does he say to her?
Write down the dialog by arranging the sentences in the correct order in the balloons.

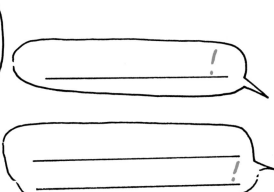

Guten Tag!
_____
_____ ?
_____

_____ !

_____ ?

_____ !

Guten Tag!
Ich heiße Max.
Wie heißt du?

Ich heiße nicht Amelie.
Ich heiße Melanie!

Melanie!

Amelie?

1

4 **Max is looking for a hotel room.**
Please read the dialog and underline the sentences you'd need if you wanted a room in a hotel.

🔲	Melanie:	Guten Tag!
	Max:	Guten Tag!
		Mein Name ist Max Meier.
	Melanie:	Hm? Wie heißen Sie?
	Max:	Mein Name ist Max Meier.
	Melanie:	Aha!
	Max:	Haben Sie ein Zimmer frei?
	Melanie:	Ja! Ich habe ein Zimmer frei!
		Hier ist der Schlüssel.
		Zimmer 1 bitte!

students friends children	„du"	people you don't know grown-ups	„Sie"

5 **Now you say that you'd like a room.**

cf. p. 164

Match up the sentences with the appropriate photos.
Put the numbers in the boxes.

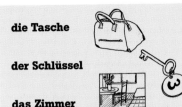

die Tasche

der Schlüssel

das Zimmer

Zimmer 3 ist frei.	
Hier ist der Schlüssel.	
Hier ist die Tasche.	
Das Zimmer ist besetzt.	

①

②

③

What do you say when you ...

1. ... want to say hello to someone?

Guten Tag !

2. ... want to introduce someone?

3. ... want to introduce yourself to someone?

4. ... want to ask someone's name?

a young person's:

a grown-up's:

Mein Name ist... · Wie heißen Sie? · Ich heiße... · Hallo! · Guten Tag! · Das ist... · Wie heißt du?

cf. p. 164

8 **Anna, who wants to go to the university in Freiburg, has gotten to know Jürgen at the station. When she sees the room that she's reserved, she is very disappointed.**

Landlady:	Das ist das Zimmer.
Anna:	Das ist das Zimmer?
Landlady:	Ja.
Anna:	Um Gotteswillen!
	Was ist?
Landlady:	Nehmen Sie das Zimmer?
Anna:	Nein! Das Zimmer ist unmöglich!
	Ich nehme das Zimmer nicht.

Which statement is correct? Mark it with a cross.

a ☐ The room is occupied.
b ☐ Anna likes the room.
c ☐ Anna doesn't take the room she has reserved.

Um Gottes willen!	*For heaven's sake!*
Nehmen Sie das Zimmer?	*Are you going to take the room?*
Nein.	*No.*
Das Zimmer ist unmöglich.	*The room is impossible.*
Ich nehme das Zimmer nicht.	*I'm not going to take the room.*

The room is too small and too noisy. Anna can't do her work there. So she goes to the Student Administration Services in the hope of being able to get a room through them.

Student:	Ja, bitte?
Anna:	Ich suche ein Zimmer.
Student:	Tut mir leid.
	Wir haben kein Zimmer mehr.
Anna:	Was? - Ihr habt kein Zimmer mehr?
Student:	Nein. Tut mir leid!

Which statement is correct?
d ☐ The Student Administration Services are able to find a room for Anna.
e ☐ Anna is happy.
f ☐ The Student Administration Services have no rooms left.

Anna has met Jürgen again and told him everything.
Jürgen has an idea. He takes Anna to his friends ...

Jürgen:	Hallo!
Thomas:	Hallo, Jürgen!
Jürgen:	Das ist Anna!
Sabine:	Ich heiße Sabine.
Thomas:	Thomas!
Jürgen:	Anna hat kein Zimmer!
Sabine:	Du hast kein Zimmer?
	Das Bett hier ist frei!

Which statement is correct?
g ☐ Sabine is Anna's friend.
h ☐ Anna has to go to a hotel.
i ☐ There's a spare bed in the apartment Jürgen and his friends share.

Ich suche ein Zimmer.	I'm looking for a room.
Tut mir leid.	Sorry.
Wir haben kein Zimmer mehr.	We don't have any rooms left.
Anna hat kein Zimmer.	Anna doesn't have a room.
Das Bett hier ist frei.	This bed's available.

cf. p. 164

Glossary and Key

1 *Names:* Max / Martin / Melanie
International words: Hallo!
Name

2 1. Das ist Amelie.
2. Das ist Max.
3. Das ist Martin.
4. Das ist Melanie.

3

Max:	Guten Tag! Ich heiße Max.
	Wie heißt du?
Melanie:	Melanie.
Max:	Amelie?
Melanie:	Ich heiße nicht Amelie.
	Ich heiße Melanie.

Hello. My name's Max.
What's your name?
Melanie.
Amelie?
I'm not called Amelie.
My name's Melanie.

4

Melanie:	Guten Tag!
Max:	Guten Tag.
	Mein Name ist Max Meier.
Melanie:	Hm? Wie heißen Sie?
Max:	Mein Name ist Max Meier.
Melanie:	Aha!
Max:	Haben Sie ein Zimmer frei?
Melanie:	Ja! Ich habe ein Zimmer frei.
	Hier ist der Schlüssel.
	Zimmer 1 bitte.

Hello.
Hello.
My name is Max Meier.
Sorry? What did you say your name was?
My name is Max Meier.
Ah.
Do you have a room available?
Yes. There's a room available.
Here's the key.
Room 1, please.

5 ○ Guten Tag!
△ Guten Tag!
Haben Sie ein Zimmer frei?
○ Ja. Wie heißen Sie?
△ Mein Name ist ... (Ich heiße ...)

6 1. Das Zimmer ist besetzt.
2. Hier ist die Tasche. / Zimmer 3 ist frei.
3. Hier ist der Schlüssel. / Zimmer 3 ist frei.

The room is occupied.
Here's your bag. / Room 3 is available.
Here's the key. / Room 3 is available.

7 1. Guten Tag! / Hallo!
2. Ich heiße ... / Mein Name ist ...
3. Das ist ...
4. Wie heißt du? / Wie heißen Sie?

8 c

9 f

10 i

Ich muß los

Martin has to wake up Amelie and Max. It's getting late. What does he say?
How do Amelie and Max react?
Reconstruct the dialog.

Martin: _____

_____

Melanie: _Wie spät ist es?_____

Martin: _____

Max: _Sieben?_____

Melanie: _____

Max: _____

Martin: _____

2

2 **Max and Amelie have to go to work.**
Complete the dialog.

Max: _Müssen Sie zur Arbeit?_

Amelie: _____

_____   _____

_____

_____

Oh, ich komme zu spät!

Ja, um 8 Uhr! Und Sie?

Ich muß auch arbeiten.

Nein. Wir nehmen das Motorrad!

cf. p. 165, 166

Underline the questions about the time (like this: _____).
Underline the time (like this: _ _ _).

Martin:	Guten Morgen! Es ist schon spät.
Max:	Wie spät ist es?
Martin:	Es ist schon sieben Uhr!
Max:	Sieben? Ich muß los!
Martin:	Ich muß auch los!

Please answer the questions.

O   Entschuldigung, wie spät ist es?

△   _____ _____ _____ _____.

O   Was? Schon acht?

△   _____.

O   Oh, ich muß zur Arbeit!
     Danke!

△   Bitte!

Ask what time it is.

O   Guten Tag!

Entschuldigung, _____ _____ _____ _____?

△   Es ist sieben!

O   _____ _____ ??

△   Ja, sieben!

O   _____ !

 ① *Heidi:* Heh, Wolfgang!

Es ist schon spät.

Du mußt aufstehen!

Wolfgang: Wie spät ist es denn?

Heidi: Halb sieben.

Wolfgang: Geh du zuerst ins Bad!

Heidi: Nein, geh du zuerst!

Wolfgang: Na schön, ich gehe zuerst.

 ② *Heidi:* Noch Kaffee?

Wolfgang: Ja bitte! - Noch ein Brot?

Heidi: Ja. - Honig?

Wolfgang: Nein, danke.

Heidi: Wurst?

Wolfgang: Nein, Marmelade bitte!

⑥ **Which dialog contains the following information?**

1. ... Heidi and Wolfgang want to sleep a bit longer.

2. ... Heidi and Wolfgang argue about who is going to get the car today.

3. ... Heidi and Wolfgang have a large breakfast.

Dialog 1	
Dialog 2	
Dialog 3	

Du mußt aufstehen!	You have to get up!	das Brot	bread
Halb sieben.	Half past six.	der Honig	honey
Geh du zuerst ins Bad.	You go use the bathroom first.	die Wurst	sausage
Noch Kaffee?	Some more coffee?	die Marmelade	jam

③

Wolfgang:	Wie spät ist es?
Heidi:	Halb acht.
Wolfgang:	Ich muß los!
Heidi:	Ich muß auch los!
Wolfgang:	Ich komme zu spät!
Heidi:	Und ich komme auch zu spät!
Wolfgang:	Heute brauche ich das Auto.
Heidi:	Nein, das Auto brauche ich! Du hast noch Zeit.
Wolfgang:	Du kannst die Straßenbahn nehmen.
Heidi:	Nein, ich nehme nicht die Straßenbahn ...

Look for Heidi's answers to what Wolfgang says and match them up.

Wolfgang:

Heidi:

	Wolfgang		Heidi	
1.	Wie spät ist es?		Ich muß auch los!	a)
2.	Geh du zuerst ins Bad!		Halb sieben.	b)
3.	Ich komme zu spät.		Nein, das Auto brauche ich!	c)
4.	Noch ein Brot?		Ich komme auch zu spät.	d)
5.	Heute brauche ich das Auto.		Ja!	e)
6.	Ich muß los!		Nein, geh du zuerst!	f)

Heute brauche ich das Auto.	*I need the car today.*
Du hast noch Zeit.	*You've still got time.*
Du kannst die Straßenbahn nehmen.	*You can take the street-car.*

cf. p. 165

Glossary and Key

1 Martin: Guten Morgen!   Good morning.
       Es ist schon spät.   It's getting late.
   Melanie: Wie spät ist es?   What time is it?
   Martin: Es ist schon sieben Uhr.   It's already seven o'clock.
   Max: Sieben?   Seven o'clock?
   Melanie: Ich muß los!   I have to get going!
   Max: Ich muß auch los!   I have to get going, too!
   Martin: Und ich auch!   And me too!

2 Max: Müssen Sie zur Arbeit?   Do you have to go to work?
   Amelie: Ja, um acht Uhr. Und Sie?   Yes, at eight o'clock.
   Max: Ich muß auch arbeiten.   I have to go to work, too.
   Amelie: Oh, ich komme zu spät!   Oh no, I'm going to be late!
   Max: Nein. Wir nehmen das Motorrad!   No you won't. We'll take the motorbike.

3 Martin: Guten Morgen!   Good morning.
       Es ist schon spät.   It's getting late.
   Max: Wie spät ist es?   <u>What time is it?</u>
   Martin: Es ist schon sieben Uhr!   <u>It's already seven o'clock.</u>
   Max: Sieben? Ich muß los!   Seven o'clock? I have to get going!
   Martin: Ich muß auch los!   I have to get going, too.

4 ○ Entschuldigung, wie spät ist es?
△ Es ist acht Uhr.
○ Was? Schon acht?
△ Ja!
○ Oh, ich muß zur Arbeit! Danke!
△ Bitte!

5 ○ Guten Tag!
    Entschuldigung, wie spät ist es?
△ Es ist sieben.
○ Schon sieben?
△ Ja, sieben.
○ Danke!

6

1	2	3
a	c	b

7

1	2	3	4	5	6
b	f	d	e	c	a

Was kostet das?

3

Max comes into Amelie's antique shop.
What does he say?

Amelie: Max:

| Bitte? |

f   Ich möchte eine Kamera.

Was _____ ?

| 60 Mark. |

Was _____ !

Das _____ !

| Hier habe ich eine Lampe! |

Ich _____ .

_____ !

Das ist zu teuer!

b   *Was?! 60 Mark!*

c   *Was kostet die da?*

Ich brauche keine Lampe.

f   *Ich möchte eine Kamera.*

e   *Auf Wiedersehen!*

3

2 **Read the dialog and underline those questions and statements that <u>you</u>, too, could use when shopping.**

Amelie:	Was möchten Sie bitte?
Max:	Was kostet die Kamera?
Amelie:	Die ist nicht teuer. 60 Mark.
Max:	Oh, die ist zu teuer!
Amelie:	Hier habe ich auch eine Lampe.
Max:	Was kostet die denn?
Amelie:	Die ist sehr billig! Sie kostet 40 Mark.
Max:	Ich brauche eine Uhr.
	Haben Sie auch Uhren?
Amelie:	Ja, zwei Uhren. Sie kosten 100 Mark.
Max:	Was? 100 Mark!
	Das ist viel zu teuer!

3 **Now <u>you</u> do the shopping.**
Use the underlined phrases.

Salesperson:

  You:

○ Guten Tag!
 Was möchten Sie bitte?

  △ Ich _____ _____ _____.

○ Die Uhr hier ist nicht teuer.

  △ _____ _____ _____ denn?

○ 30 Mark!

  △ Die _____ aber billig!

○ Möchten Sie die?

  △ Ja. Ich _____ auch _____ Tasche.

○ Eine Tasche! –
 Die hier ist auch sehr billig.
 Möchten Sie die?

  △ ⎧ Nein.
   ⎨ Ja!
   ⎩ Was kostet die?

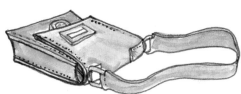

cf. p. 169, 166

What do you say when

a) you want to buy something?

1. _____

2. _____

3. _____

b) you want to find out how much something costs?

1. _____

2. _____

c) you don't like the price?

1. _____

Haben Sie auch...?

Das ist zu teuer.

Wieviel kostet das alles?

Ich möchte...

Ich brauche ...

Was kostet das?

Fill in the blanks.

Your role:

1. ○ _Was kostet_ die Lampe?

2. ○ Haben Sie _____ _____ _____ ?

3. ○ Ich _____ eine Uhr.

4. ○ Bitte, _____ _____ die Kamera?

5. ○ Das ist _____ _____ !

6. ○ _____ _____ das alles?

Salesperson:

△ 140,– DM.

△ Ja, ein Zimmer ist frei!

△ Bitte, hier habe ich zwei Uhren!

△ 290,– DM.

△ Nein, das ist sehr billig!

△ Eine Lampe, eine Uhr, eine Kamera: 590,– DM.

3

① Beate and her son Christian are waiting for Beate's friend Petra in the pedestrian zone in Hamburg ...

Christian:	Du, die Platte möchte ich!
Beate:	Nein Christian!
	Heute kaufen wir nichts!
Christian:	Och - gar nichts?
Beate:	Nein! - Nichts!
Christian:	Und du?
	Kaufst du heute auch nichts?
Beate:	Nein.
Christian:	Ich muß jetzt los, Mama.
	Also tschüs!

② Beate doesn't want to buy anything at all today, but Petra needs some fruit. They come to a fruit stall ...

Petra:	Die Äpfel sind schön.
	Wieviel kosten die denn?
Verkäuferin:	2 Mark das Kilo.
Petra:	Ich nehme ein Kilo.
Verkäuferin:	Sonst noch etwas?
Petra:	Ja, Bananen.
	Die sind aber klein!
	Was kosten die denn?
Verkäuferin:	3 Mark das Kilo.
Beate:	Oh, das ist aber teuer!
Petra:	Ich nehme nur 2 Stück.
Beate:	Schau mal! Die Trauben!

③ They watch a street seller demonstrating a carpet cleaner. Beate soon forgets her intention not to buy anything ...

Verkäufer:	Meine Damen und Herren!
	Hier - kaufen Sie Super 2000!
	Das Gerät ist super und -
	es ist billig!
Beate:	Toll, Petra! Das brauche ich!
	Wieviel kostet das?
Verkäufer:	Es kostet nur 50 Mark!
Beate:	Nur 50 Mark! Das nehme ich.

④ Beate has also bought a dress. When she gets home, she tries to hide everything from her son ...

Beate:	Christian!
	Hier - das sind Trauben.
Christian:	Und wo ist das Teppichgerät?
Beate:	Was?
Christian:	Und wo ist das Kleid?
Beate:	Wie bitte?
Christian:	"Nein, Christian, heute
	kaufen wir nichts!"
	Wo ist das Teppichgerät?
Beate:	Im Schrank ...

die Platte, die Platten	record
Heute kaufen wir nichts!	We're not going to buy anything today.
jetzt	now
tschüs	bye
der Apfel, die Äpfel	apple
Die Äpfel sind schön.	The apples are nice.
Sonst noch etwas?	Anything else?
die Banane, die Bananen	banana
klein	small
nur	only

Schau mal!	Look!
die Traube, die Trauben	grape
Meine Damen und Herren	Ladies and gentlemen!
das (Teppich-)gerät	carpet cleaner
wo	where
toll	great
das Kleid, die Kleider	dress
der Schrank, die Schränke	cupboard
im Schrank	in the cupboard

The articles "der", "die" and "das" before German nouns indicate their gender (masculine, feminine, neuter). As the English form is always "the", we shall omit the English article from now on. Plural forms of the German nouns are also given in this book. As you know the English plurals, we shall also omit these.

cf. p. 169

Match up the sentences with the four situations.

| | | | | | |

a) Hier! Kaufen Sie Super 2000!
b) Die Äpfel sind schön.
c) Heute kaufen wir nichts!
d) Das Teppichgerät ist super und billig!
e) Wo ist das Kleid?

f) 2 Mark das Kilo.
g) Es kostet nur 50 Mark!
h) Du, die Platte möcht' ich!
i) Wo ist das Teppichgerät?
j) Ich muß jetzt los!
k) Was kosten die Äpfel denn?

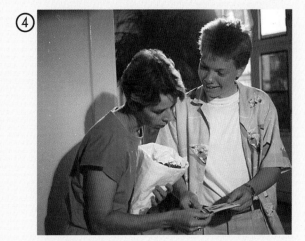

Glossary and Key

1

Amelie:	Bitte?	May I help you?
Max:	Ich möchte eine Kamera. (f)	I'd like to buy a camera.
	Was kostet die da? (c)	How much is this one here?
Amelie:	60 Mark.	60 marks.
Max:	Was?! 60 Mark! (b)	What? 60 marks?
	Das ist zu teuer! (d)	That's too much.
Amelie:	Hier habe ich auch eine Lampe.	I've also got this lamp here.
Max:	Ich brauche keine Lampe. (a)	I don't need a lamp.
	Auf Wiedersehen! (e)	Goodbye.

2

Amelie:	Was möchten Sie bitte?	What would you like?
Max:	Was kostet die Kamera?	How much is this camera?
Amelie:	Die ist nicht teuer. – 60 Mark.	It's a bargain – 60 marks.
Max:	Oh, die ist zu teuer!	Oh, it's too expensive.
Amelie:	Hier habe ich auch eine Lampe.	I've also got a lamp here.
Max:	Was kostet die denn?	How much is it?
Amelie:	Die ist sehr billig!	Oh, it's very cheap!
	Sie kostet 40 Mark.	It costs 40 marks.
Max:	Ich brauche eine Uhr.	I also need a clock.
	Haben Sie auch Uhren?	Do you have clocks?
Amelie:	Ja, zwei Uhren.	Yes, two clocks.
	Sie kosten 100 Mark.	They're 100 marks.
Max:	Was? 100 Mark!	What? 100 marks!
	Das ist viel zu teuer!	That's much too expensive.

3 ○ Guten Tag! Was möchten Sie bitte?
△ Ich brauche eine Uhr.
○ Die Uhr hier ist nicht teuer.
△ Was kostet die denn?
○ 30 Mark.
△ Die ist aber billig!
○ Möchten Sie die?
△ Ja. Ich brauche auch eine Tasche.   △ Yes. I need a bag
○ Eine Tasche. –
Die hier ist auch sehr billig.
Möchten Sie die?
(Different answers are possible here:)   Nein. / Ja! / Was kostet die?

4 a) 1 Ich brauche ...
2 Ich möchte ...
3 Haben Sie auch ...?
b) 1 Was kostet das?
2 Wieviel kostet das alles?
c) 1 Das ist zu teuer!

5 ○ Was kostet die Lampe?
○ Haben Sie ein Zimmer frei?
○ Ich brauche (möchte) eine Uhr.
○ Bitte, was (wieviel) kostet die Kamera?
○ Das ist zu teuer!
○ Was (Wieviel) kostet das alles?

6

1	c	h	j
2	b	f	k
3	a	d	g
4	e	i	

Ich bin glücklich

**Max and Alfred meet Amelie
after her show.
What do they say to her?**

Amelie: *Ich bin Amelie.*
Ich bin _____

Max: _____
_____

Alfred: _____
_____

| Amelie | froh | begeistert | Max Meier |

| Alfred Huber | glücklich |

Ich bin < Amelie
glücklich

Complete what Peter, a student, has to say about himself.

Hallo!

Ich _____ Peter.

Ich _____ Student.

Ich _____ froh – ich _____ ein Zimmer

im Studentenheim.

Oh, es ist schon spät! Ich _____ zur

Universität. Ich _____ das Motorrad.

Tschüs!

muß bin nehme habe bin heiße

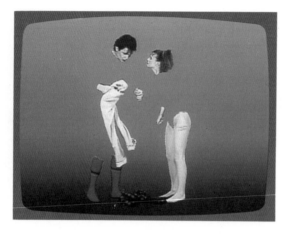

3 Max and Melanie are arguing about their clothes. Who do the things belong to? Piece together the different parts of the argument by matching the numbers with the appropriate letters.

ein Hemd   mein Hemd   dein Hemd

e   Melanie: Und der Gürtel?
Das ist mein Gürtel!

d   Max: Das ist nicht dein Hemd.
Das ist mein Hemd!

a   Melanie: So? Und das Hemd?
Das ist mein Hemd!

f   Max: Was?
Das ist nicht deine Hose.
Das ist meine Hose!

b   Max: Das ist nicht dein Gürtel.
Das ist mein Gürtel!

1	2	3	4	5	6

c   Melanie: Das ist meine Hose!

das	} Hemd	die	} Hose	der	} Gürtel
mein (dein)		meine (deine)		mein (dein)	

Amelie is holding a hat.
Who do you think it is for?
Complete the dialog.

Amelie: Hier _____ _____ _____ _____ .

Martin: Einen Hut?

Amelie: Ja, _____ _____ brauche ich.

Martin: Der ist aber klein!

Amelie: Der ist _____ _____ _____ .

        Er _____ _____ _____ .

klein   *small*

... den Hut ...

... braucht einen Hut.

... für meinen Freund.

...habe ich einen Hut.

Hier ist	der Hut.	
	ein Hut.	
	mein Hut.	

Ich nehme	den Hut.	
	einen Hut.	
	meinen Hut.	

Hier ist	die Tasche.	
	eine Tasche.	
	meine Tasche.	

Ich nehme	die Tasche.	
	eine Tasche.	
	meine Tasche.	

Hier ist	das Hemd.	
	ein Hemd.	
	mein Hemd.	

Ich nehme	das Hemd.	
	ein Hemd.	
	mein Hemd.	

The Dortmund brewery "Kronenbrauerei" is celebrating an anniversary on May 5. Mr. Guminski, the manager, had ordered a flower arrangement for the occasion from Pahls, the gardeners. Mrs. Pahl accidentally wrote down the wrong date. She has just found out about the mix-up, as Mr. Guminski has called about picking up the order. The arrangement simply has to be ready by six o'clock! To complicate matters, Mrs. Pahl's brother Dieter Rixner and his family have just arrived for a visit ...

(10⁰⁰)	Frau Pahl:	Wir müssen das Blumengesteck heute noch machen!
	Herr Pahl:	Das schaffen wir nie!
	Dieter Rixner:	Doch, das schaffen wir, Martin! Thekla und ich helfen. Und du auch, Clemens. Klar?
	Clemens:	Klar!
(12⁰⁰)	Frau Pahl:	12 Uhr!
	Thekla Rixner:	Schaffen wir es?
	Frau Pahl:	Wir müssen!
(17⁰⁰)	Martin Pahl:	Ich bin so nervös. 17 Uhr! Sigrid, wir schaffen es nicht.
	Dieter Rixner:	Wir haben noch eine Stunde. Um 18 Uhr sind wir fertig!
(17⁵⁵)	Sigrid Pahl:	Wir sind fertig! Jetzt bin ich aber froh!
	Thekla Rixner:	Wunderschön! Ich bin begeistert!
	Frau Kolbe:	Da sind drei Herren.
	Herr Guminski:	Guten Tag, Frau Pahl. Oh, sehr schön! Vielen Dank! Auf Wiedersehen!
	Frau Pahl:	Auf Wiedersehen!
	Dieter:	Jetzt möchte ich ein Bier!
	Sigrid:	Ich auch!
	Martin:	Bitte sehr! Prosit!

das Blumengesteck	flower arrangement
Das schaffen wir nie!	We'll never manage it!
helfen	to help
klar!	Of course!
Wir haben noch eine Stunde.	We've got another hour.
Wir sind fertig!	We're finished.

wunderschön	beautiful
das Bier	beer
Prosit!	Cheers!
Frau ...	Mrs., Miss, Ms. ...
Herr ...	Mr. ...

Underline all the names that you can find in the text. Order them in the grid below.

First name ♀	♂	Last name	Form of address
	Martin	Pahl	Herr Pahl

Now it's your turn to write a dialog.

Everybody helped out. The flower arrangement was ready at six o'clock on the dot. Everybody is exhausted – but happy. Everybody has something to say.
Write a dialog using the phrases below. To remind you – these are the characters taking part in the scene: Mr. and Mrs. Pahl, the gardeners, Clemens and his parents, the visitors, and Mr. Guminski, the manager of the brewery.

1 Amelie: Ich bin Amelie.
Ich bin glücklich.
Max: Ich bin Max Meier.
Ich bin froh.
Alfred: Ich bin Alfred Huber.
Ich bin begeistert.

I'm Amelie.
I'm happy.
I'm Max Meier.
I'm happy.
I'm Alfred Huber.
I'm thrilled.

2 Hallo!
Ich heiße Peter.
Ich bin Student.
Ich bin froh – ich habe ein Zimmer im Studentenheim.
Oh, es ist schon spät.
Ich muß zur Universität.
Ich nehme das Motorrad.
Tschüs!

Hello.
My name's Peter.
I'm a student.
I'm happy: I have a room in a dormitory.
Oh, it's getting late.
I have to leave for class.
I'll take my motorbike.
Bye!

3

1	2	3	4	5	6
c	f	a (e)	d (b)	e (a)	b (d)

Melanie: Das ist meine Hose!
Max: Was?
Das ist nicht deine Hose.
Das ist meine Hose.
Melanie: So? – Und das Hemd?
Das ist mein Hemd.
Max: Das ist nicht dein Hemd.
Das ist mein Hemd!
Melanie: Und der Gürtel?
Das ist mein Gürtel.
Max: Das ist nicht dein Gürtel.
Das ist mein Gürtel.

Those are my pants.
What?
They're not your pants.
They're my pants.
Oh really? – And the shirt?
That's my shirt!
That's not your shirt.
It's my shirt!
And the belt?
That's my belt!
That's not your belt.
It's my belt.

4 Amelie: Hier habe ich einen Hut.
Martin: Einen Hut?
Amelie: Ja, den brauche ich.
Martin: Der ist aber klein!
Amelie: Der ist für meinen Freund.
Er braucht einen Hut.

Look, I have a hat.
A hat?
Yes, I need this hat.
But it's a bit small …
It's for my friend.
He needs a hat.

5

	Martin	Pahl	Herr Pahl
	Dieter	Rixner	Herr Rixner
Thekla		Rixner	Frau Rixner
	Clemens	Rixner	Clemens
Sigrid		Pahl	Frau Pahl
		Kolbe	Frau Kolbe
		Guminski	Herr Guminski

6 *There are, of course, several possible ways of answering this one.*
Here is our suggestion:
Thekla: Wir sind fertig!
Martin: Ich bin begeistert!
Herr Guminski: Oh, sehr schön! Vielen Dank!
Dieter: Jetzt möchte ich ein Bier!
Sigrid: Ich auch!
Martin: Hier ist Bier!

Wir haben Ferien

Max and Amelie want to go on vacation together. But they don't know yet where to go. Help the two of them out. Put the words in the captions where they belong.

Max: Wohin wollen wir fahren?

Amelie: _____ _____ _____ Sylt.

Aber _____ _____ _____?

Max: _____ _____ _____ Lindau.

Amelie: Ich will nach Sylt, und du willst nach Lindau.

_____ _____ _____ nun?

Max: Ich habe eine Idee!

_____ _____ _____ Berlin!

Sylt

Bundesrepublik Deutschland

• Berlin

Lindau

Ich will nach...

Wir fahren nach...

Ich will nach...

...wohin willst du?

Wohin fahren wir...?

__Wohin__ fahren wir? ➡ • __Nach__ Lindau.
__Nach__ Österreich.

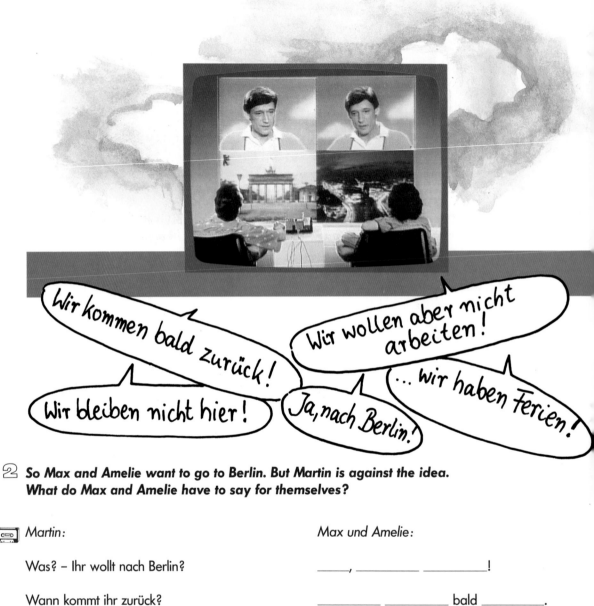

2 **So Max and Amelie want to go to Berlin. But Martin is against the idea.**
What do Max and Amelie have to say for themselves?

Martin: Max und Amelie:

Was? – Ihr wollt nach Berlin?   _____, _____ _____!

Wann kommt ihr zurück?   _____ _____ bald _____.

Das geht nicht! Ihr müßt hierbleiben!   _____ _____ _____ _____!

Ihr habt keine Ferien!   Doch, _____ _____ _____!

Ihr müßt arbeiten!   _____ _____ aber _____

bald   soon   _____!

cf. p. 164, 165, 166

In hotel ads you expect to find certain pieces of information, e.g. location, prices, dates, standard of accommodation, facilities for sports and hobbies, etc.
Read the following ads and underline everything that you can understand.

BODENSEE-HOTEL / 1 Woche

Zimmer mit Bad, Dusche, WC,
Lift, Farb-TV, Radio, Telefon, Minibar

ab DM 840,– pro Person im EZ incl. Halbpension

② SCHWARZWALD

Das romantische Hoteljuwel!

● mit Ferienprogramm
● Hallenbad
● Sauna
● Solarium
● Tennisplatz

● traditionsreich
● idyllische Lage
● familiäre Atmosphäre
● gutbürgerliche Küche

7 Tage Übernachtung und Frühstück ab 120,– DM
Kinder bis 5 Jahre frei!

③

ÖSTERREICH
Gasthof »Schöne Aussicht«

im Salzburger Land
Informieren Sie sich:

□ Zimmer
□ Sport/Hobby
□ Tennisturniere

□ Golf
□ Kultur
□ Hauptsaison

A-5630 Bad Hofgastein
Tel. (00 43 64 32) 73 24

□ Nachsaison

Ankreuzen (✗) und auf Postkarte kleben!
Information kommt sofort!

Where would you go if you

1. wanted to play golf? Ad No. _____

2. wanted to take part in organized activities? Ad No. _____

3. needed a telephone in your room? Ad No. _____

5

The first day of the vacation is causing problems.
Dad wants to stay home for another day, but the children want to leave right away.

Vater:	Was, ihr wollt schon heute los?
Mutter:	Natürlich, wir haben Ferien!
Vater:	Ja, die Schulferien fangen heute an.
	Überall Staus!
5	Wir fahren erst morgen los.
Christine:	Papa bitte, wir wollen heute losfahren!
Vater:	Aber ich möchte heute noch hierbleiben!
Christine:	Aber unsere Ferien fangen doch heute an!
Vater:	Also gut!
	. . . .

10 Vater:	Da haben wir es: Stau!
Fr. Häberle:	Dieser Stau ist ja entsetzlich!
Mutter:	Ja, die Straßen sind total verstopft.
Fr. Häberle:	Wir können auch nicht zurückfahren.
Vater:	Wohin wollen Sie denn fahren?
15 Hr. Häberle:	Nach Österreich.
Mutter:	Ach, wir fahren auch nach Österreich!
	. . . .

Mutter:	Aber was machen wir nun?
Vater:	Wir machen Ferien im Stau!
Mutter:	Also – wir müssen hierbleiben!
20 Fr. Häberle:	Wir bleiben nicht hier!
	Ich habe eine Idee! Kommen Sie!
	Wir machen ein Picknick!
	. . . .

natürlich	of course	entsetzlich	terrible
die Schulferien fangen an	school vacation starts	die Straße, die Straßen	road
überall	everywhere	verstopft	congested
der Stau, die Staus	traffic jam	Was machen wir nun?	What are we going to do now
morgen	tomorrow		

Look for evidence in the text of the following statements:

Line:

1. Dad doesn't want to leave yet.

2. Christine's parents and Mr. and Mrs. Häberle talk about where they're going.

3. Mrs. Häberle has a good idea about how to utilize the time while they're stuck in the traffic jam.

Take the side of the children and put forward your arguments against their father.

Father:

1. Was? Ihr wollt heute los?

2. Überall sind Staus!

3. Ich möchte heute noch hierbleiben!

4. Wir fahren morgen los!

Children:

a) Nein. Die Straßen sind frei!

b) Ja, die Ferien fangen doch heute an!

c) Wir wollen aber heute losfahren!

d) Nein, wir bleiben nicht hier!

cf. p. 164

Glossary and Key

1 Max: Wohin wollen wir fahren? *Where shall we go?*

Amelie: Ich will nach Sylt. *I want to go to Sylt.*

Aber wohin willst du? *But where do you want to go?*

Max: Ich will nach Lindau. *I want to go to Lindau.*

Amelie: Ich will nach Sylt, und du willst nach Lindau. *I want to go to Sylt and you want to go to Lindau.*

Wohin fahren wir nun? *Where are we going to go then?*

Max: Ich habe eine Idee! *I have an idea.*

Wir fahren nach Berlin! *Let's go to Berlin.*

2 Martin: Was? – Ihr wollt nach Berlin? *What? – You want to go to Berlin?*

Max und Amelie: Ja, nach Berlin! *Yes, to Berlin.*

Martin: Wann kommt ihr zurück? *When are you coming back?*

Max und Amelie: Wir kommen bald zurück. *We're coming back soon.*

Martin: Das geht nicht! Ihr müßt hierbleiben! *That won't work! You have to stay here.*

Max und Amelie: Wir bleiben nicht hier! *We're not staying here!*

Martin: Ihr habt keine Ferien! *You don't have any vacation.*

Max und Amelie: Doch, wir haben Ferien. *Yes, we do have vacation.*

Martin: Ihr müßt arbeiten! *You have to work!*

Max und Amelie: Wir wollen aber nicht arbeiten! *But we don't want to work!*

3 1/Ad No. 3
2/Ad No. 2, 3
3/Ad No. 1

4 1. Line 5
2. Lines 14–16
3. Lines 20–22

5

1	2	3	4
b	a	d/c	c/d

Wir brauchen diesen Platz

Max has a present for Melanie. Melanie, of course, has a present for Max, too.
But still they're both a bit surprised. "Is that for me?"
Complete their conversation.

Ist das für mich?

Ich habe auch etwas für dich!

Ja, das ist für dich!

Für mich?

Das ist für uns!

Max:

Ein Geschenk!

_____ _____ _____ _____ ?

Oh, danke schön!

Ich habe _____ _____ _____ _____ .

Das Geschenk ist für dich und für mich.

_____ _____ _____ _____ !

Melanie:

Ja, _____ _____ _____ _____ !

_____ _____ ?

Das ist   **für mich**   **für dich**   **für uns**

What does Max give Melanie?

☐ ... eine Tasche?
☐ ... eine Lampe?
☐ ... einen Tisch?
☐ ... eine Uhr?
☐ ... einen Ring?

What does Max get in return?

☐ ... einen Hut?
☐ ... eine Kamera?
☐ ... einen Kuß?
☐ ... ein Motorrad?

Max:	Schön! Sehr schön!
	Wirklich sehr schön!
Melanie:	Ich finde es nicht so schön.
	Bitte, geben Sie mir einen Gürtel!
Max:	Es gibt keinen Gürtel für dieses Kleid.
Melanie:	Wie bitte?
	Es gibt keinen Gürtel?
Max:	Nein! Tut mir leid!
Melanie:	Dann hole ich einen!
Max:	Meine Dame, ich bitte Sie!
	Für das Kleid gibt es keinen Gürtel!
Melanie:	Doch. Es gibt einen: den hier!

2 Underline the sentences or parts of sentences in the text which give an answer to the following questions:

1. What does Max, the salesperson, think of the dress?
2. What does Melanie want Max to give her?
3. How does Max reply to this request?
4. With what words does Melanie find the "solution"?

3 Shopping
Which sentences are similar in meaning?

1 ☐ a) Was kaufen Sie?
☐ b) Was haben Sie?
☐ c) Was nehmen Sie?
☐ d) Was arbeiten Sie?

2 ☐ a) Was kostet das?
☐ b) Was macht das?
☐ c) Was ist das?
☐ d) Wieviel kostet das?

3 ☐ a) Ist das ein Tisch?
☐ b) Willst du einen Tisch?
☐ c) Hast du einen Tisch?
☐ d) Möchtest du einen Tisch?

cf. p. 29

What questions produce the following answers?

a) Die Kamera? 800 Mark!

b) Das Hemd? Nein, das ist zu teuer!

c) Es gibt keinen Gürtel für die Hose!

d) Nein, ich brauche keine Uhr!

brauchen   Was kostet ...?

nehmen   Möchten Sie...?

haben   wollen

e) Ich nehme 1 Kilo Äpfel!

cf. p. 29

Because the children don't have a proper playground nearby, they play on a piece of ground that it also used as a parking lot. On the way out of the parking lot the driver of a car has almost knocked down little Florian. When Mr. Krein arrives on the scene, the two men get into an argument. Parking lot or children's playground, that is the question!

Parkplatz oder Spielplatz?

Markus:	Florian!
	Ist dir was passiert?
Bettina:	Unverschämtheit!
	Können Sie nicht aufpassen!
Herr Brehme:	Du mußt aufpassen!
Markus:	Sie aber auch!
Herr Brehme:	Das ist kein Spielplatz,
	das ist ein Parkplatz!
	Ihr dürft hier nicht spielen!
Bettina:	Papa Papa! Komm schnell!
	Hier ist etwas passiert!
Herr Brehme:	Nein! Es ist nichts passiert.
	Also: Spielt hier nicht mehr!
Herr Krein:	Wieso nicht?
Herr Brehme:	Das ist kein Spielplatz!
Markus:	Aber wir brauchen einen!
Herr Brehme:	Nein, ihr braucht keinen!
Herr Krein:	Wieso brauchen die Kinder
	keinen Spielplatz?
Herr Brehme:	Sie können zu Hause spielen.
Herr Krein:	Die Kinder wollen aber draußen
	spielen!
Herr Brehme:	Dies ist ein Parkplatz und
	kein Spielplatz! Guten Abend!
Florian:	Pah! Jetzt können wir hier
	nicht mehr spielen!
Herr Krein:	Doch! Ich habe eine Idee ...!

5 *Underline all the negatives in the text.*

der Parkplatz, die Parkplätze	parking lot	wieso?	why?
der Spielplatz, die Spielplätze	children's playground	das Kind, die Kinder	child
passieren	to happen	draußen	outside
Können Sie nicht aufpassen?	Can't you be a bit more careful?	zu Hause	at home
Ihr dürft hier nicht spielen.	You're not allowed to play here.	Guten Abend!	Good evening!

Fill in the blanks using the negatives below:

Mr. Brehme, the man with the car:

Das ist _____ _____.

Das ist ein Parkplatz.

Ihr dürft _____ _____ _____.

Die Kinder können zu Hause spielen.

Spielt hier _____ _____!

Mr. Krein and the children:

Doch, das ist ein Spielplatz!

Das ist _____ _____!

Wir wollen hier aber spielen!

_____!

Doch, wir spielen hier!

kein   **nicht**   **nein**   **nicht mehr**

Das ist ein Parkplatz. **P**

Das ist **kein** Parkplatz. **R**

Die Kinder spielen.

Die Kinder spielen **nicht**.

How did the story continue?

Make up your mind: true (t) or false (f)?

1. The children need a playground.

2. Mr. Brehme thinks that the children could also play at home.

3. The children want to play at home.

4. Mr. Krein is on Mr. Brehme's side.

5. Mr. Brehme has an idea.

6. The children will soon have a playground.

t	f

43

cf. p. 169

Glossary and Key

1 Max: Ein Geschenk!   *A present!*
Ist das für mich?   *Is it for me?*
Melanie: Ja, das ist für dich!   *Yes, it's for you.*
Max: Oh, danke schön!   *Oh, thanks very much.*
Ich habe auch etwas für dich!   *I've got something for you, too.*
Melanie: Für mich?   *For me?*
Max: Das Geschenk ist für dich und für mich.   *My present is for you and for me.*
Das ist für uns!   *It's for both of us.*

Max gives Melanie a ring. He gets a kiss in return.

2 Max: <u>Schön! Sehr schön!</u>   *Nice! Very nice!*
Wirklich sehr schön!   *Really very nice!*
Melanie: Ich finde es nicht so schön.   *I don't think it's so nice.*
Bitte, geben Sie mir <u>einen Gürtel</u>!   *Could you give me <u>a belt</u>, please?*
Max: <u>Es gibt keinen Gürtel für dieses Kleid.</u>   <u>*There is no belt with this dress.*</u>
Melanie: Wie bitte?   *Pardon?*
Es gibt keinen Gürtel?   *There's no belt?*
Max: Nein! Tut mir leid!   *No. I'm afraid not.*
Melanie: Dann hole ich einen!   *Then I'll go and get one.*
Max: Meine Dame, ich bitte Sie!   *Madam. I must say.*
Für das Kleid gibt es keinen Gürtel.   *There is no belt with this dress.*
Melanie: <u>Doch. Es gibt einen: den hier!</u>   <u>*Oh, yes, there is – this one!*</u>

1 ... sehr schön – 2 ... einen Gürtel – 3 Es gibt keinen Gürtel für dieses Kleid. – 4 Es gibt einen: den hier!

3 | 1 / a + c | 2 / a, b + d | 3 / b + d |
|---|---|---|

4 a) Was kostet die Kamera?
b) Nehmen (möchten/wollen) Sie das Hemd?
c) Haben Sie einen Gürtel für diese Hose?
d) Brauchen (möchten/wollen) Sie eine Uhr?
e) Was möchten Sie?

5 Können Sie <u>nicht</u> aufpassen?!
Das ist <u>kein</u> Spielplatz!
Ihr dürft hier <u>nicht</u> spielen!
<u>Nein</u>! Es ist <u>nichts</u> passiert!
Spielt hier <u>nicht mehr</u>!
Wieso <u>nicht</u>?
Das ist <u>kein</u> Spielplatz!
Nein, ihr braucht <u>keinen</u>!
Wieso brauchen die Kinder <u>keinen</u> Spielplatz?
Dies ist ein Parkplatz und <u>kein</u> Spielplatz!
Jetzt können wir hier <u>nicht mehr</u> spielen!

6 Das ist kein Spielplatz!   Das ist kein Parkplatz!
Ihr dürft hier nicht spielen!   Nein!
Spielt hier nicht mehr!

7 | 1 | 2 | 3 | 4 | 5 | 6 |
|---|---|---|---|---|---|
| t | t | f | f | f | t |

Sie dürfen hier nicht halten!

Max's car has broken down. He has to stop. Amelie – as a policewoman – can't let him.

Amelie:	Sie dürfen hier nicht halten.
Max:	Warum darf ich hier nicht halten?
Amelie:	Halten verboten!
Max:	Tut mir leid!
	Ich kann nicht weiterfahren.
Amelie:	Sie müssen aber weiterfahren!
Max:	Dann helfen Sie mir bitte.
	Mein Auto ist kaputt.

Underline the appropriate passages in the text or write down here:

a) What do you say when something is not allowed?

_____

b) What do you say when something should be done?

_____

c) What do you say when you're not able to do something?

_____

45

cf. p. 166

2 Your car has unfortunately broken down. Naturally someone is on the scene right away to tell you that you're not allowed to stop here.
How could you react? What would you say?

○ Hallo Sie!
Sie dürfen hier nicht halten!

△ Warum _____?

○ Tut mir leid!
Halten verboten!

△ _____ _____ _____ weiterfahren.

○ Sie müssen aber sofort weiterfahren!

△ _____ helfen _____ _____!

△ Mein Auto _____

△ Ich habe _____

_____

_____

ist kaputt.

ist defekt.

funktioniert nicht.

einen Platten.

kein Benzin.

46

Max doesn't know his way around town. He wants to get to the station, so he asks Amelie how to get there.

Max: Entschuldigen Sie bitte:
Ich suche den Bahnhof.
Hier geradeaus?
Amelie: Nein, nicht geradeaus.
Nach links und dann nach rechts.
Da muß ich auch hin.
Max: Dann gehen wir zusammen!

Underline all the words and phrases in the text that indicate direction.

Fill in the way to the station.

↑ geradeaus
→ nach rechts
← nach links

> Gehen Sie geradeaus,
> dann nach links,
> dann nach rechts
> und dann geradeaus.
> Da ist der Bahnhof!

DB

Now it's your turn to give directions. The illustration shows the way.

○ Entschuldigen Sie, wo ist der Bahnhof?
Geradeaus?

△ Ja! Gehen Sie _____,

dann _____ _____,

dann _____ _____.

○ Danke!

DB

Amelie:	Moment bitte, mein Gepäck.
Max:	Darf ich Ihnen helfen?
Amelie:	Ja bitte, helfen Sie mir!
Max:	Geben Sie mir den Koffer.
Amelie:	Hier bitte!
Max:	Geben Sie mir auch die Tasche.
Amelie:	Bitte!
August:	Hallo, Amelie!
	Wohin gehst du?
Amelie:	Zum Bahnhof.
August:	Oh, da muß ich auch hin.
	Wir können zusammen gehen.
Max:	Mit wem gehen Sie nun?
	Mit ihm oder mit mir?

6 Max would like to help Amelie.

What does he say to her?

_____

He would like to carry her suitcase for her.
How does he say this?

_____

He doesn't know whether Amelie is going to go to the station with him or with August.
How does he ask her?

_____

7 What's in the text?

	ja	nein		
1. Amelie hat kein Gepäck.	☐	☐	das Gepäck	luggage
2. Max möchte Amelie helfen.	☐	☐	der Koffer	suitcase
3. Er will den Koffer nehmen.	☐	☐	tragen	to carry
4. Amelie möchte die Tasche.	☐	☐		
5. August will zum Bahnhof.	☐	☐		

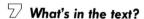

Er möchte die Tasche tragen.

Sie gibt ihm die Tasche.

cf. p. 170

The actor **Paul Neske** hasn't been back in Germany for 40 years. He comes to Berlin to shoot a film, accompanied by his partner, **Laura Bird**. They are surrounded by a large number of reporters at the airport; among them is **Felix**, a trainee reporter with the "Berliner Zeitung"...

Arrange the captions in their correct order and then answer the question below.

> Es ist auch kein Taxi da.

> Paul und Laura kommen nach Berlin.

> Paul und Laura fahren mit Felix.

> Der Chauffeur ist nicht da.

> Felix kommt mit seinem Auto.

1. _____

2. _____

3. _____

4. _____

5. _____

Was will Felix?

☐ Er will Paul Neske helfen. ☐ Er will mit Laura Bird flirten.

☐ Er will ein Interview machen.

7

Produzent:	Hallo Paul! Herzlich willkommen in Berlin! Was ist denn das für ein Wagen?
Paul N.:	Ja, wo ist euer Wagen?
Felix:	Frau Bird, darf ich Ihnen Ihre Tasche geben?
Laura B.:	Ja, das dürfen Sie! Danke!
Produzent:	Wie geht es Ihnen, Laura?
Laura:	Wie geht es Ihnen?
Felix:	Entschuldigen Sie, Herr Neske ... Darf ich das Interview meiner Zeitung geben?
Paul N.:	Ja, nehmen Sie das Interview!
Felix:	Ich danke Ihnen!

⑨ **What forms of greeting are contained in the text?**

_____

_____

How does Felix ask for permission?

_____

_____

What forms of thanks are used?

_____

_____

Herzlich willkommen!	Welcome!
der Wagen, die Wagen	car
Wie geht es Ihnen?	How are you?
Entschuldigen Sie!	Excuse me ...
die Zeitung	newspaper

cf. p. 166

1

Amelie:	Sie dürfen hier nicht halten.	You're not allowed to stop here!
Max:	Warum darf ich hier nicht halten?	Why am I not allowed to stop here?
Amelie:	Halten verboten!	Stopping is prohibited here.
Max:	Tut mir leid!	Sorry.
	Ich kann nicht weiterfahren.	But I'm afraid I can't move on.
Amelie:	Sie müssen aber weiterfahren!	But you have to move on!
Max:	Dann helfen Sie mir bitte.	Then give me a hand, please.
	Mein Auto ist kaputt.	My car has broken down.

a) *It's not allowed:*

Sie dürfen … nicht (halten)!
(Halten) verboten!

b) *It should be done:*

Sie müssen (weiterfahren)!

c) *It can't be done:*

Ich kann nicht (weiterfahren).

2 △ Warum nicht?
△ Ich kann nicht weiterfahren.
△ Dann helfen Sie mir!
△ Mein Auto ist kaputt.
Several reactions are possible: Mein Auto ist defekt./Mein Auto funktioniert nicht./Ich habe einen Platten./Ich habe kein Benzin.

3

Max:	Entschuldigen Sie bitte!	Excuse me, please.
	Ich suche den Bahnhof.	I'm looking for the station.
	Hier geradeaus?	Is it straight down this road?
Amelie:	Nein, nicht geradeaus.	No, it's not straight down this road.
	Nach links und dann nach rechts.	Turn left and then right.
	Da muß ich auch hin.	I have to go that way, too.
Max:	Dann gehen wir zusammen!	Let's go together, then.

4

DB: Deutsche Bundesbahn   *German Railways*

5 Ja! Gehen Sie geradeaus, dann nach rechts, dann nach links!

6

Amelie:	Moment bitte, mein Gepäck.	Just a moment, please, my luggage.
Max:	Darf ich Ihnen helfen?	Can I give you a hand?
Amelie:	Ja, helfen Sie mir!	Yes, please.
Max:	Geben Sie mir den Koffer.	Give me your suitcase.
Amelie:	Hier bitte!	Here you are.
Max:	Geben Sie mir auch die Tasche.	Give me your bag, too.
Amelie:	Bitte!	Here.
August:	Hallo, Amelie!	Hello, Amelie.
	Wohin gehst du?	Where are you going?
Amelie:	Zum Bahnhof.	To the station.
August:	Oh, da muß ich auch hin.	Oh, that's where I'm going, too.
	Wir können zusammen gehen.	We can go together.
Max:	Mit wem gehen Sie nun?	Well, who are you going to go with?
	Mit ihm oder mit mir?	With him or with me?

Solution to question 6: Darf ich Ihnen helfen? – Geben Sie mir den Koffer! – Mit wem gehen Sie nun? Mit ihm oder mit mir?

7

1	2	3	4	5
nein	ja	ja	nein	ja

8 1. Paul und Laura kommen nach Berlin.
2. Der Chauffeur ist nicht da.
3. Es ist auch kein Taxi da.
4. Felix kommt mit seinem Auto.
5. Paul und Laura fahren mit Felix.
Was will Felix? Er will ein Interview machen.

9

Greeting:	Hallo! – Herzlich willkommen!
Permission:	Darf ich (Ihnen Ihre Tasche geben?) – Darf ich (das Interview meiner Zeitung geben?)
Thanks:	Danke! – Ich danke Ihnen!

8 Da war doch eben Max

Max: Tschüs Melanie, ich muß zur Arbeit.
Wohin gehst du?
Melanie: Zur Post.
Max: Hast du dein Portemonnaie?
Melanie: Wo habe ich das Portemonnaie?
Ich hatte es eben noch!
Ah, da ist es!
Aber wo habe ich den Brief?
Ich hatte ihn eben noch!
Da ist er ja!
Und wo habe ich meine Brille?
Max: Hier – ich habe sie!

1 Underline the things in the text that Melanie is looking for.

2 Underline all the questions.

3 Melanie is looking for her wallet, the letter and her glasses. She had them all a minute ago. Now she's looking for them. How does Melanie say this? Fill in the blanks.

Wo habe ich das Portemonnaie? Ich _____ _____ eben noch!

Wo habe ich den Brief? Ich _____ _____ eben noch!

Wo habe ich meine Brille? Ich _____ _____ eben noch!

Das ist <u>der</u> Koffer.	<u>Er</u> ist groß.
Ich kaufe <u>den</u> Koffer.	Ich brauche ihn .
Die Brille ist nicht da.	Ah, da ist sie !
Ich suche <u>die</u> Brille.	Ich habe sie .
Wo ist <u>das</u> Portemonnaie?	Wo ist es ?
Ich brauche <u>das</u> Portemonnaie.	Ich hatte es eben noch.

4 What else could she be looking for?

Wo habe ich _____ _____?

Ich _____ _____ eben noch.

der Gürtel	der Hut	die Kamera	die Uhr
die Tasche	das Hemd	der Schlüssel	

52

cf. p. 170

Amelie and Max are playing with a model airplane. Max is never quite sure where it has landed.
Can you help him find it?

Max: Wo ist das Flugzeug, Amelie?

Nein, es ist nicht auf dem Schrank.

Und wo ist es jetzt?

Aber da ist es auch nicht!

Amelie: Es ist _____ _____ Schrank!

Aber es war auf dem Schrank.

_____ _____ Schrank!

Jetzt ist es _____ _____!

auf dem Schrank

neben dem Schrank

im Schrank

There are several possible answers to the following questions, but one of them is wrong.
Underline the answer that is not possible.
Then fill in one of the correct answers:

O Entschuldigung, wo ist der Bahnhof?

△ _____

Im Schrank. Im Zentrum.
Neben der Post. Da!

O Wo hast du deinen Schlüssel?

△ Er war _____

im Zimmer. in der Tasche.
in der Lampe. auf dem Tisch.

O Sie dürfen hier nicht halten!

△ Wo ist denn hier ein Parkplatz?

O _____

Neben dem Bahnhof. Im Zimmer.
Da! Im Zentrum.

cf. p. 171

Julian has an unusual wedding present for his bride, Franziska, who is a soccer fan. Grandma thinks it's great, too!

7 Match up the parts of the sentences:

1. *Franziska:* Heute spielt Bayern-München

2. *Oma:* Das Spiel ist

3. *Julia:* Hier ist mein Hochzeitsgeschenk:

4. *Franziska:* Wir können doch jetzt nicht

5. *Julian:* Warum

6. *Oma:* Ihr geht zum Fußball,

7. Franziska, du mußt den Bayern

a) nicht?

b) im Olympiastadion.

f) Glück bringen!

d) Karten für das Fußballspiel!

c) ins Fußballstadion gehen!

e) und für uns gibt es Kaffee und Kuchen.

g) gegen Borussia-Mönchengladbach.

1	2	3	4	5	6	7

das Spiel, die Spiele	game
das Hochzeitsgeschenk	wedding present
der Fußball	soccer
die Karte, die Karten	ticket
Glück bringen	to bring luck (to)
der Kuchen	cake

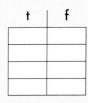

Nachbar:	Tor! Tor!
Franziska:	Abseits! Das war kein Tor!
Nachbar:	Doch, das ist ein Tor!
Franziska:	Nein, der Mann war im Abseits!
Julian:	Null zu eins gegen Bayern!
Franziska:	Ich bringe den Bayern kein Glück ...!

The opening goal is causing problems. Was it a goal or wasn't it?
Make up your mind: true (t) or false (f)?

	t	f
1.		
2.		
3.		
4.		

1. Franziska insists that one of the players was offside.
2. Franziska and the man next to her are of the same opinion.
3. Julian remarks on the score: 1–0 for Borussia.
4. Franziska is very disappointed.

der Nachbar	neighbor
das Tor, die Tore	goal
das Abseits	offside
null	nothing

"Offside": when a player is in the opponents' half of the field he is not offside as long as at least two of his opponents are, or the ball itself is, between him and the goal line when the ball is played.

Glossary and Key

1 Max: Tschüs Melanie, ich muß zur Arbeit. — Bye, Melanie, I have to go to work.
Wohin gehst du? — Where are you going?
Melanie: Zur Post. — To the post office.
Max: Hast du dein Portemonnaie? — Do you have your wallet?
Melanie: Wo habe ich das Portemonnaie? — Where did I put my wallet?
Ich hatte es eben noch! — I had it a minute ago.
Ah, da ist es! — Ah, there it is.
Aber wo habe ich den Brief? — But where did I put the letter?
Ich hatte ihn eben noch! — I had it a minute ago.
Da ist er ja! — There it is.
Und wo habe ich meine Brille? — And where did I put my glasses?
Max: Hier – ich habe sie! — Here they are – I've got them.

2 Wohin gehst du?
Hast du dein Portemonnaie?
Wo habe ich das Portemonnaie?
Aber wo habe ich den Brief?
Und wo habe ich meine Brille?

3 Ich hatte es eben noch!
Ich hatte ihn eben noch!
Ich hatte sie eben noch!

4 Wo habe ich den Gürtel? — Ich hatte ihn eben noch!
Wo habe ich den Hut? — Ich hatte ihn eben noch!
Wo habe ich die Kamera? — Ich hatte sie eben noch!
Wo habe ich die Uhr? — Ich hatte sie eben noch!
Wo habe ich die Tasche? — Ich hatte sie eben noch!
Wo habe ich das Hemd? — Ich hatte es eben noch!
Wo habe ich den Schlüssel? — Ich hatte ihn eben noch!

5 Max: Wo ist das Flugzeug, Amelie? — Where is the airplane, Amelie?
Amelie: Es ist auf dem Schrank! — It's on the cupboard.
Max: Nein, es ist nicht auf dem Schrank. — No, it's not on the cupboard.
Amelie: Aber es war auf dem Schrank. — But it was on the cupboard.
Max: Und wo ist es jetzt? — And where is it now?
Amelie: Neben dem Schrank! — Next to the cupboard.
Max: Aber da ist es auch nicht! — But it's not there either.
Amelie: Jetzt ist es im Schrank! — It's in the cupboard now!

6 wrong: im Schrank / in der Lampe / im Zimmer

7

1	2	3	4	5	6	7
g	b	d	c	a	e	f

8

1	2	3	4
t	f	t	t

Hast du gelacht?

Melanie dreamt that she got stuck in a broken elevator.

Melanie:	Max, ich habe geträumt.
Max:	Was hast du denn geträumt?
Melanie:	Ich war in einem Aufzug. Aber der hat nicht funktioniert.
Max:	Ja – und was hast du gemacht?
Melanie:	Ich habe auf „Alarm" gedrückt. Aber das hat nicht funktioniert.
Max:	Und was hast du dann gemacht?
Melanie:	Ich habe laut geklopft.
Max:	Du hast geklopft? Und dann?
Melanie:	Dann habe ich gewartet und gewartet.
Max:	Und?
Melanie:	Dann hast du mich geweckt.

**Underline the passages in the text that say what Melanie did in this predicament.
Did you understand everything? Tell us what Melanie dreamt.**

*Melanie träumt.
Sie ist in einem Aufzug.
Aufzug funktioniert nicht.
Melanie drückt auf "Alarm".
Melanie klopft.
Sie wartet und wartet.
Max weckt Melanie.*

Melanie hat geträumt.

Sie _____ in einem Aufzug.

Der Aufzug _____ nicht _____.

Sie _____ auf „Alarm" _____.

Dann _____ Melanie laut _____.

Sie _____ _____ und _____.

Und dann _____ Max Melanie _____.

57

cf. p. 164, 167

Melanie: Guten Tag!
Möchten Sie die Speisekarte?
Max: Nein, danke!
Können Sie mir bitte eine Zeitung bringen?
Melanie: Ja, sofort!
Max: Moment bitte!
Können Sie mir auch einen Aschenbecher bringen?
Melanie: Aber natürlich!
Ich bringe Ihnen sofort einen.
Max: Ja – und Streichhölzer bitte!
Melanie: Ich bringe Ihnen auch Streichhölzer.
Und die Speisekarte?
Max: Danke nein! Ich habe keinen Hunger.

cf. p. 164

2 What's in the text?

	ja	nein
1. Max möchte die Speisekarte.		
2. Melanie holt einen Aschenbecher.		
3. Max braucht Streichhölzer.		
4. Max möchte keine Zeitung.		
5. Das Restaurant ist teuer.		
6. Max ist begeistert.		
7. Melanie bringt die Zeitung sofort.		
8. Max hat Hunger.		

der Hunger   hunger

3 Max is admittedly very polite, but Melanie, the waitress, is anything but pleased. Why not? Give reasons.

Max möchte keine Speisekarte, aber _____ _____.

Dann will er _____ _____ und dann _____.

Aber Hunger hat er _____!

58

Bonn
frühere Hauptstadt der Bundesrepublik Deutschland

Therese:	Die Tischkarten hat Caroline gemacht.
Agnes:	Wunderschön, Caroline!
Gertrud:	Schön! Sehr schön gemacht!
	. . . . .
	Ich stricke gerade einen Pullover!
Agnes:	Du kannst ja gar nicht stricken!
Gertrud:	Natürlich!
	Das hier habe ich schon gestrickt!

4 Is this how it happened in the film? Make up your mind: true or false?

	t	f
1) The ladies are chatting over coffee and cake, and grandpa and Caroline are bored.		
2) Agnes has knitted something.		
3) Agnes and Hildegard are learning English.		
4) Caroline wants to show grandpa Bonn.		
5) The Federal President receives his guests in the Villa Hammerschmidt.		
6) Beethoven was born in Bonn.		
7) Caroline enjoyed the afternoon with her grandpa very much.		
8) The ladies noticed that grandpa and Caroline weren't there the whole time.		

die Tischkarte, die Tischkarten	place card	Wer wohnt da?	Who lives there?
der Pullover, die Pullover	pullover, sweater	der Bundespräsident	the Federal President
stricken	to knit	empfängt seine Gäste	receives his guests
gerade	at the moment		

Opa:	Schau Caroline!
	Das ist die Villa Hammerschmitt.
Caroline:	Wer wohnt da?
Opa:	Der Bundespräsident.
	Hier empfängt er seine Gäste.

. . . . .

Caroline:	Und wer wohnt da?
Opa:	Hier hat Beethoven gelebt.
Caroline:	Wer war das?
Opa:	Beethoven war ein Komponist.
Caroline:	Und hat er da Musik gemacht?
Opa:	Ja! Hier hat er seine Musik komponiert.

. . . . .

Agnes:	Ich lerne gerade Englisch!
	Heute habe ich Vokabeln gelernt.
Hildegard:	Habt ihr das gehört?
	Agnes lernt Englisch!

. . . . .

Caroline:	Opa, das war schön heute!
Erika:	Nicht wahr, Caroline.
	Es war so schön und gemütlich
	bei uns heute nachmittag.
Opa:	Ja - nicht wahr Caroline?
	Der Nachmittag war sehr schön.

Complete the following sentences:

gemacht *gestrickt* *gelernt* *gezeigt*

Gertrud hat einen Pullover _____.

_____ hat die Tischkarten _____.

_____ hat Vokabeln _____.

_____ hat Caroline Bonn _____.

Gertrud · Caroline · Agnes · Opa

| Vokabeln lernen | to study vocabulary | gemütlich | nice and cozy | zeigen | to show |
| hören | to hear | der Nachmittag | afternoon | | |

cf. p. 167

1

Melanie:	Max, ich habe geträumt.	Max, I had a dream
Max:	Was hast du denn geträumt?	What did you dream?
Melanie:	Ich war in einem Aufzug.	I was in an elevator.
	Aber der hat nicht funktioniert.	But it broke down.
Max:	Ja – und was hast du gemacht?	So what did you do?
Melanie:	Ich habe auf „Alarm" gedrückt.	I pushed the alarm button.
	Aber das hat nicht funktioniert.	But that didn't work.
Max:	Und was hast du dann gemacht?	And what did you do then?
Melanie:	Ich habe laut geklopft.	I banged loudly.
Max:	Du hast geklopft. Und dann?	You banged loudly? And then?
Melanie:	Dann habe ich gewartet und gewartet.	And then I waited and waited.
Max:	Und?	And then?
Melanie:	Dann hast du mich geweckt.	And then you woke me up.

Melanie war in einem Aufzug. Der Aufzug hat nicht funktioniert. Sie hat auf „Alarm" gedrückt. Dann hat Melanie laut geklopft. Sie hat gewartet und gewartet. Und dann hat Max Melanie geweckt.

2

Melanie:	Guten Tag!	Good afternoon, sir.
	Möchten Sie die Speisekarte?	Would you like the menu?
Max:	Nein, danke!	No, thanks.
	Können Sie mir bitte eine Zeitung bringen?	Would you bring me a newspaper, please?
Melanie:	Ja, sofort!	Yes, of course.
Max:	Moment bitte!	Just a moment, please.
	Können Sie mir auch einen Aschenbecher bringen?	Could you bring me an ashtray, too?
Melanie:	Aber natürlich! Ich bringe Ihnen sofort einen!	But of course. I'll bring you one right away.
Max:	Ja – und Streichhölzer bitte!	Yes, and matches, too, please.
Melanie:	Ich bringe Ihnen auch Streichhölzer.	I'll bring you matches, too.
	Und die Speisekarte?	And the menu?
Max:	Danke nein! Ich habe keinen Hunger.	No, thanks. I'm not hungry.

1	2	3	4	5	6	7	8
nein	ja	ja	nein	nein	nein	ja	nein

3 Max möchte keine Speisekarte, aber eine Zeitung.
Dann will er einen Aschenbecher und dann Streichhölzer.
Aber Hunger hat er nicht!

4

1	2	3	4	5	6	7	8
t	t	f	f	t	t	t	f

5 Gertrud hat einen Pullover gestrickt.
Caroline hat die Tischkarten gemacht.
Agnes hat Vokabeln gelernt.
Opa hat Caroline Bonn gezeigt.

Der Himmel ist blau ...
die Sonne ist warm ...
und diese Wolke ist groß ...
und die andere Wolke ist klein ...
und die Blumen hier sind rot ...
Herrlich! Nicht wahr?

Martin has painted a picture for Max and Melanie. They both like it very much.
Complete their comments on Martin's painting.

Max: Schau mal, Melanie!

Der blaue Himmel!

Melanie: Und die warme Sonne!

Max: Und die _____ e Wolke!

Melanie: Und diese _____ e Wolke!

Max: Schau, die _____ en Blumen!

Melanie: Das ist der _____ e Sommer!

63

cf. p. 170

10

Max and Melanie want to buy a sofa. But they have very different tastes.

Max: Schau mal, Melanie, das Sofa da ist schön!
             Das gefällt mir!
Melanie: Das gefällt dir?
             Das Sofa ist zu neu.
Max: Möchtest du denn ein altes Sofa?
Melanie: Ja! Das da ist auch zu klein.
             Ich möchte ein großes.
Max: Aber ...
Melanie: Schau, Max, das Sofa da ist alt.
             Es ist größer und schöner als das neue Sofa.
             Und es ist auch am billigsten.
             Das nehmen wir!
Max: Aber ...

... das Sofa hier ist doch auch schön!   ... das Sofa ist zu alt!

... ich möchte ein neues Sofa!   ... wir brauchen kein großes Sofa!

2 **Look at the text and underline all the words that they use to say what they think of the various sofas.**

3 a) What does Max like about the sofa he has chosen?

Es ist _____

b) What does Melanie say about this sofa?

Es ist _____

_____

c) Describe the sofa that Melanie has chosen.

Es ist _____ ;

es ist _____

und _____ als das neue,

es ist _____ !

800,–   600,–   30,–

billig – billiger – am billigsten

groß – größer – am größten

d) Does Max agree with her choice?   Ja ☐   Nein ☐

64

cf. p. 171

Amelie and Max have a new apartment. They are busy arranging their furniture.

Amelie:

Wohin kommt der große Schrank?

Und wohin kommt der Eßtisch?

_____ _____ _____ natürlich!

Das Bett kommt _____ _____ _____.

Max:

_____ _____ _____.

_____ _____ _____.

Und wohin kommt der runde Teppich?

Und das Bett? Wohin kommt das?

Das gefällt mir!

Jetzt haben wir eine schöne Wohnung!

cf. p. 171

Which solution matches the illustration?

1. Wohin kommt das Bett?

2. Wohin kommt die Brille?

3. Wohin kommt die Hose?

4. Wohin kommt der Teppich?

5. Wohin kommt der Aschenbecher?

6. Wohin kommt die Uhr?

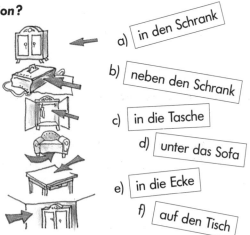

a) in den Schrank

b) neben den Schrank

c) in die Tasche

d) unter das Sofa

e) in die Ecke

f) auf den Tisch

1	
2	
3	
4	
5	
6	

Anna, the student, and her friend Sabine are looking for an apartment. Mr. and Mrs. Fischer have a small apartment to rent in Freiburg ...

In der Wohnung

Herr Fischer:	Das ist das große Zimmer!
Sabine:	Was meinst du, Anna?
Anna:	Hm. Der Raum ist sehr groß.
Sabine:	Mir gefällt er.
Herr Fischer:	Das ist das Bad mit WC!
Frau Fischer:	Und das ist die Küche.
Sabine:	Oh, die ist aber klein!
Frau Fischer:	Hier in die Ecke können Sie doch noch einen Eßtisch stellen.
Herr Fischer:	Dieses Zimmer ist kleiner.
Anna:	Oh, der Raum gefällt mir. Er ist kleiner als der erste, aber er ist sehr gemütlich. Nur - wo ist das Bett?
Herr Fischer:	Hier! Ein Schrankbett.
Anna:	Das ist praktisch. Ich finde dieses Zimmer am schönsten.
Sabine:	Wieviel kostet die Wohnung denn?
Herr Fischer:	600 Mark - mit Heizung!
Anna:	Das sind 300 Mark für dich und 300 Mark für mich. Das ist nicht zu teuer.
Sabine:	Nehmen wir die Wohnung, Anna?
Anna:	Ja, natürlich, sie gefällt mir!
Herr Fischer:	Wie schön!

6 Look at the text and underline all the information about the apartment.

a) What things are in the apartment? Mark them like this: _ _ _ _
b) What do Anna and Sabine think of the apartment? Mark their comments like this: _____

das Bad, die Bäder	bathroom		der Raum, die Räume	room
das WC	toilet		der erste	the first one
die Küche, die Küchen	kitchen		das Schrankbett	foldaway bed
stellen	to put		die Heizung	(central) heating
dieser, diese, dieses	this (occasionally: that)			

Now, what can you say about the apartment?

	ja	nein

1. Die Wohnung hat

   a) 3 Zimmer
   b) 2 Zimmer und Bad
   c) 2 Zimmer, Küche und Bad mit WC.
2. Hat die Wohnung ein Bad?
3. Ist die Küche groß?
4. Gibt es in der Küche einen Eßtisch?
5. Anna gefällt das größere Zimmer.
6. Die Wohnung kostet 600 Mark, inclusive Heizung.
7. Die Wohnung ist zu teuer.
8. Die Wohnung gefällt Anna und Sabine sehr.

Das ist die neue Wohnung von Sabine und Anna.

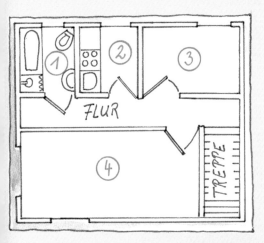

Wo ist ...

a) Annas Zimmer?   Nr. _____

b) Sabines Zimmer?   Nr. _____

c) das Bad?   Nr. _____

d) die Küche?   Nr. _____

e) das WC?   Nr. _____

Students sharing a house

1 Der Himmel ist blau ...
die Sonne ist warm ...
und diese Wolke ist groß ...
und die andere Wolke ist klein ...
und die Blumen hier sind rot ...
Herrlich! Nicht wahr?

The sky is blue ...
the sun is warm ...
and this cloud is big ...
and the other cloud is small ...
and these flowers are red ...
Wonderful! Isn't it!

Max:	Schau mal, Melanie!	*Look, Melanie!*
	Der blaue Himmel!	*The blue sky.*
Melanie:	Und die warme Sonne!	*And the warm sun.*
Max:	Und die große Wolke!	*And the big cloud.*
Melanie:	Und diese kleine Wolke!	*And that little cloud.*
Max:	Schau, die roten Blumen!	*Look at the red flowers.*
Melanie:	Das ist der herrliche Sommer!	*Isn't summer wonderful?*

2

Max:	Schau mal Melanie,	*Look, Melanie.*
	das Sofa da ist schön.	*That sofa is nice.*
	Das gefällt mir!	*I like it.*
Melanie:	Das gefällt dir?	*You like it?*
	Das Sofa ist zu neu.	*It's too new a sofa.*
Max:	Möchtest du denn ein altes Sofa?	*Do you want an old sofa?*
Melanie:	Ja! Das ist auch zu klein.	*Yes! That one's too small as well.*
	Ich möchte ein großes.	*I want a big one.*
Max:	Aber ...	*But ...*
Melanie:	Schau Max, das Sofa da ist alt.	*Look, Max, that sofa's an old one.*
	Es ist größer und schöner als das neue Sofa.	*It's bigger and nicer than the new sofa.*
	Und es ist auch am billigsten.	*And it's also the cheapest one here.*
	Das nehmen wir!	*We'll take it!*
Max:	Aber ...	*But ...*
	das Sofa hier ist doch auch schön!	*... this sofa is nice, too.*
	... das Sofa ist zu alt!	*... that sofa is too old.*
	... ich möchte ein neues Sofa!	*... I want a new sofa.*
	... wir brauchen kein großes Sofa!	*... we don't need a big sofa!*

3 a) Es ist schön.   b) Es ist zu neu.   c) Es ist alt, es ist größer und schöner als das neue, es ist am billigsten.   d) Nein.

4

Amelie:	Wohin kommt der große Schrank?	*Where will we put the big cupboard?*
Max:	Neben das Sofa!	*Next to the sofa.*
Amelie:	Und wohin kommt der Eßtisch?	*And where will we put the dining table?*
Max:	In die Mitte.	*In the middle.*
	Und wohin kommt der Teppich?	*And where will we put the rug?*
Amelie:	Unter den Tisch natürlich!	*Under the table, of course.*
Max:	Und das Bett? Wohin kommt das?	*And the bed? Where will we put it?*
Amelie:	Das Bett kommt in die Ecke.	*We'll put the bed in the corner.*
Max:	Das gefällt mir!	*I like it.*
	Jetzt haben wir eine schöne Wohnung!	*The apartment is lovely now.*

5

1	2	3	4	5	6
b	c	a	d	f	e

7

1	2	3	4	5	6	7	8
c	ja	nein	nein	nein	ja	nein	ja

8

a	b	c	d	e
Nr. 3	Nr. 4	Nr. 1	Nr. 2	Nr. 1

6 a Das ist das große Zimmer.
Das ist das Bad mit WC.
Und das ist die Küche.
Hier in die Ecke können Sie noch einen Eßtisch stellen.
Hier, ein Schrankbett.

b Der Raum ist sehr groß!
Die (Küche) ist aber klein.
Dieses Zimmer ist kleiner.
Er (der Raum) ist kleiner als der erste.
Das (Schrankbett) ist praktisch.
Ich finde dieses Zimmer am schönsten.
Das ist nicht zu teuer.

Wir warten auf das Gespräch

Max:	Martin! Wo bist du?
Martin:	Ich bin hier!
	Aber ihr seid nicht hier.
	Wo seid ihr?
Melanie:	Wir sind hier!
Martin:	Nein, ihr seid nicht da!
	Wo seid ihr?
Max:	Wir – Melanie und ich – sind hier!
	Wo bist du, Martin?
Martin:	Ich bin hier!
	Ich finde euch nicht.
	Wo seid ihr?
Melanie:	Hier! Hier sind wir!
Martin:	Na endlich!
	Da seid ihr ja!

The conversation above is about where people are ...
Look for the parts of the text that deal with this problem and underline them.

Now complete the grid below:

Max fragt Martin: Wo _____ du?

Martin sagt: Ich _____ hier.

Martin fragt Max und Melanie: Wo _____ ihr?

Max und Melanie sagen: Wir _____ hier.

cf. p. 166

This time Max and Melanie want to buy a house.
But once again Max is not happy with Melanie's choice ...

 Melanie: Schau, Max! Das Haus ist schön!
          Das möchte ich.
Max: Nein! Ich bin dagegen!
Melanie: Warum denn?
Max: Es gefällt mir nicht.
Melanie: Aber ich bin dafür, Max!
Max: Nein, Melanie! Es ist zu teuer!

Ich bin für das Haus.
Ich bin dafür.

Ich bin gegen das Haus.
Ich bin dagegen.

3 For or against?
How does Melanie say that she's made up her mind to take the house?

a) _____

b) _____

c) _____

How does Max say that he's not happy with Melanie's choice?

a) _____

b) _____

c) _____

Max is to talk on TV about his hobby: stamps.

Melanie: Das ist Herr Meier.
Er möchte jetzt über Briefmarken sprechen.
Max: Herrlich! Diese Briefmarken! Herrlich!
Melanie: Sprechen Sie nun bitte, Herr Meier!
Max: Worüber denn?
Melanie: Nun, über die Briefmarken!
Max: Ach so, darüber!
Melanie: Herr Meier, wir warten!
Max: Worauf warten Sie denn?
Melanie: Auf das Gespräch!
Max: Moment, ich bitte noch um etwas Geduld.

a) How did the TV program end?

①

Melanie: Tut mir leid!
Wir können nicht mehr warten.
Jetzt spreche ich …
Max: Nein, es ist zu spät.
Melanie: Aber ich möchte doch …
Max: Die Zeit ist leider um.
Melanie: Ja, aber diese Briefmarken sind …
Max:

②

Melanie: Tut mir leid, Herr Meier!
Jetzt können Sie nicht mehr sprechen. Die Zeit ist um.

③

Max: Meine Damen und Herren!
Ich spreche heute über Briefmarken.
Also, diese Briefmarken hier sind
sehr schön. Sie sind sehr alt und
teuer. Ich möchte Ihnen, …

b) Worüber möchte Max sprechen? _____

c) Worauf wartet Melanie? _____

d) Worum bittet Max? _____

Today's the day for the employees' meeting in Heidi's firm. They're going to discuss vacations. But before the meeting takes place Heidi meets her friend Renate in the assembly shop ...

Heidi:	Grüß dich, Renate.
	Das war ein Stau heute!
Renate:	Stau oder nicht Stau –
	du kommst doch immer zu spät!
Betriebsrat:	Wie spät ist es?
Heidi:	Halb zehn.
Betriebsrat:	Um 10 Uhr ist Betriebsversammlung.
Heidi:	Worüber reden wir heute?
Renate:	Wir wollen über den Urlaub reden.
Heidi:	Ach so, darüber!
	Ich bin für Urlaub im Sommer – und du?
Renate:	Ich bin für Winterurlaub.
Heidi:	Was? – Du bist gegen Sommerurlaub?
Renate:	Ja, ich bin dagegen.

5 Now it's your turn to tell the story.

1) _____ *wartet auf*
2) _____ *zu spät*
3) _____ *10 Uhr*
4) _____ *über Urlaub*
5) _____ *für Sommerurlaub*
6) *Renate* _____

der Betriebsrat, die Betriebsräte	company council (also: member of the company council)
die Betriebsversammlung, die -versammlungen	employees' meeting
der Urlaub	vacation
immer	always

reden über	to talk about
der Sommer, die Sommer	summer
der Winter, die Winter	winter

* The company council represents the interests of the employees in a company. The employer and the company council are supposed to work together on the basis of mutual trust for the welfare of the company and its employees.

Betriebsrat: Und wer ist für Winterurlaub?

Frau Riedel, ich bitte um Ihre Meinung!

Sind Sie dafür oder sind Sie dagegen?

Heidi: Wie bitte? - Dafür? - Ja, ich bin dafür!

Renate: Aber Heidi, du bist doch dagegen!

Betriebsrat: Was denn nun? Dafür - oder dagegen?

Heidi: Ich bin dagegen!

Betriebsrat: Also wer ist für Urlaub im Winter?

Renate: Und der Betriebsrat?

Betriebsrat: Ihr seid alle für Sommerurlaub!

Ich bin dagegen - aber gut!

Machen wir Urlaub im Sommer!

Wer ist	für Sommerurlaub?	für Winterurlaub?
Renate		
Heidi		
Betriebsrat		

die Meinung, die Meinungen   opinion
alle   all

11

Glossary and Key

1 Max: Martin! Wo bist du?
Martin: Ich bin hier!
Aber ihr seid nicht hier.
Wo seid ihr?
Melanie: Wir sind hier!
Martin: Nein, ihr seid nicht da!
Wo seid ihr?
Max: Wir – Melanie und ich – sind hier!
Wo bist du, Martin?
Martin: Ich bin hier!
Ich finde euch nicht.
Wo seid ihr?
Melanie: Hier! Hier sind wir!
Martin: Na endlich!
Da seid ihr ja!

Martin! Where are you?
I'm here.
But you're not here.
Where are you?
We're here!
No, you're not there.
Where are you?
We – Melanie and I – are here.
Where are you, Martin?
I'm here!
I can't find you.
Where are you?
Here! We're here!
At last!
There you are!

2 Wo bist du?
Ich bin hier.
Wo seid ihr?
Wir sind hier.

3 Melanie: Schau, Max! Das Haus ist schön!
Das möchte ich.
Max: Nein! Ich bin dagegen!
Melanie: Warum denn?
Max: Es gefällt mir nicht.
Melanie: Aber ich bin dafür, Max!
Max: Nein, Melanie! Es ist zu teuer!

Look, Max. That house is nice.
I'd like to have it.
No. I'm against the idea.
Why?
I don't like it.
But I'm for it, Max.
No, Melanie. It's too expensive.

Melanie: a) Das Haus ist schön.
b) Das möchte ich.
c) Aber ich bin dafür.

Max: a) Nein! Ich bin dagegen!
b) Es gefällt mir nicht.
c) Nein! Es ist zu teuer!

4 Melanie: Das ist Herr Meier. Er möchte jetzt über Briefmarken sprechen.
Max: Herrlich! Diese Briefmarken! Herrlich!
Melanie: Sprechen Sie nun bitte, Herr Meier!
Max: Worüber denn?
Melanie: Nun, über die Briefmarken!
Max: Ach so, darüber!
Melanie: Herr Meier, wir warten!
Max: Worauf warten Sie denn?
Melanie: Auf das Gespräch!
Max: Moment, ich bitte noch um etwas Geduld.

This is Mr. Meier. He would like to talk to you now about stamps.
Beautiful, these stamps. Absolutely beautiful.
Would you start talking now, Mr. Meier, please.
What about?
About the stamps, of course.
Ah yes, about them.
Mr. Meier, we're waiting.
What are you waiting for?
For you to start talking!
Could I ask you to be patient for just another minute, please?

a) *Solution No.2* – b) Über (die) Briefmarken – c) Auf das Gespräch – d) Um etwas Geduld

5 1) Renate wartet auf Heidi.
2) Heidi kommt zu spät.
3) Um 10 Uhr ist Betriebsversammlung.
4) Sie wollen über (den) Urlaub sprechen.
5) Heidi ist für Sommerurlaub.
6) Renate ist dagegen.

6 Renate ist für Winterurlaub.
Heidi ist für Sommerurlaub.
Der Betriebsrat ist für Winterurlaub.

Wäre das möglich?

Melanie is searching for a partner for life.

Max:	Bitte?
Melanie:	Also ... Ich möchte heiraten.
	Ich hätte gerne einen Mann.
Max:	Schön, das ist möglich.
	Sehen Sie: Diese Männer möchten auch heiraten.
Melanie:	Oh ... Ich hätte aber lieber einen jungen Mann. Wäre das möglich?
Max:	Selbstverständlich!
	Hier ist ein junger und – attraktiver Mann. Wäre das möglich?
Melanie:	Oh ja, das wäre prima.

How does she express her wish to get married, and how does she ask whether this wish can be fulfilled? Underline the appropriate sentences.

Who is the young man?   ☐ Max   ☐ Martin   ☐ Hannes

Fill in the grids.

a) How does Melanie express her wish?

b) How does Melanie ask whether her wish can be fulfilled?

12

4 **If you would like to play our marriage bureau game, give us a call.
If not, go on to Exercise 5.**

△ Partnervermittlung Harmonia.
Guten Tag!

○ Guten Tag, mein Name ist _____.

△ Guten Tag, Herr/Frau _____.

○ Also, _____.

△ Was für einen Typ suchen Sie denn?

○ _____.

_____?

△ Natürlich ist das möglich!
Dafür sind wir da.
Kommen Sie doch morgen in unser Büro.

...ich möchte heiraten.

Ich hätte gerne eine | attraktive intelligente junge | Frau.

Ich hätte gerne einen | attraktiven intelligenten jungen | Mann.

...ich suche einen Partner.

Wäre das denn möglich?

cf. p. 170

Max has bad luck with his meal: the sausage is much too small, and the drink is undrinkable.

Melanie:	Was hätten Sie gerne?
Max:	Etwas zu essen! Egal was!
Melanie:	Etwas zu essen! Egal was?
Max:	Ja, und etwas zu trinken!
Melanie:	Etwas zu trinken: egal was?
Max:	Ja, egal was!
Melanie:	Bitte sehr: etwas zu essen und zu trinken! Egal was!

**What did Max do wrong
when he was ordering the meal?
What do you think?**

Now it's your turn to order – but don't make the mistakes that Max made!

○ Was hätten Sie gerne?
△ Ich hätte gerne einen Hering.
○ Und was zu trinken?
△ Ich möchte ein Bier und einen Schnaps.
○ Bitte sehr: den Hering,
   ein Bier und einen Schnaps.

Make up some similar dialogs.

Speisen:

die {	Tomatensuppe	5,50 DM
	Gulaschsuppe	3,50 DM
	Champignoncremesuppe	3,20 DM
das {	Wiener Schnitzel	18,— DM
	Kalbsfrikassee	17,50 DM
	Kalbsschnitzel	20,50 DM
der {	Hering	12,— DM
	Seebarsch	17,— DM
die	Seezunge	26,— DM

Getränke:

die {	Limonade	2,50 DM
	Milch	2,— DM
das {	Mineralwasser	1,90 DM
	Bier	2,— DM
der {	Schnaps	3,70 DM
	Kognak	3,70 DM
	Dornkaat	2,90 DM
	Wein	5,50 DM

cf. p. 29

(a) „Wer schickt mir denn diesen Blumenstrauß?"

(b) „Ich hätte gerne das Steak mit Champignons und einen trockenen Wein."

(c) „Ich habe auch Geburtstag, und ich habe Ihre Geschenke bekommen."

(d) „Hannes! – Wer ist denn Hannes?"

7 *It's Petra's birthday, and she's celebrating it with her friend Beate in a restaurant. What happened? Arrange the photos in the correct order.*

	1	2	3	4
Foto				

8 **Why does Petra take the flowers to the other table?**

☐ Petra findet die Rosen nicht schön.
☐ Die Rosen waren nicht für Petra.
☐ Petra hat zu viele Blumen.

schicken	to send
der Blumenstrauß, die Blumensträuße	bouquet of flowers
der Geburtstag, die Geburtstage	birthday

Beate: Ich hätte jetzt gerne etwas zu essen. Du nicht?

Petra: Doch ... ich habe großen Hunger.

Beate: Wie wäre es mit einem Steak?

Petra: Ich hätte lieber Fisch.

Beate: Hier - wie wäre das? Seezunge mit Petersilie und
Remoulade?

Petra: Ja, das nehme ich.

Beate: Herr Ober ... Ich hätte gern das Steak, und meine
Freundin nimmt die Seezunge.

Ober: Bitte sehr! Und zu trinken?

Petra: Zu trinken ... Ich hätte gern einen trockenen Weißwein ...

Beate: Ich auch.

**How do Beate and Petra say that they'd like something to eat?
How do they make suggestions? How do they order? Put the expressions they use into the
appropriate part of the grid below.**

a) expressing a wish

_____

b) making suggestions

_____

c) ordering

_____

And finally: make up the bill for the two women.

Speisekarte	
Wiener Schnitzel	18,— DM
Kalbsschnitzel	20,— DM
Steak mit Champignons	24,50 DM
Hering in Sahne	12,— DM
Seezunge	26,— DM
Weißwein, ¼ Liter	6,— DM

der Hunger   hunger
der Fisch   fish

Glossary and Key

1 Max: Bitte?
Melanie: Also ... Ich möchte heiraten.
Ich hätte gerne einen Mann.
Max: Schön, das ist möglich!
Sehen Sie: Diese Männer möchten auch heiraten.
Melanie: Oh ... Ich hätte aber lieber einen jungen Mann.
Wäre das möglich?
Max: Selbstverständlich!
Hier ist ein junger und – attraktiver Mann.
Wäre das möglich?
Melanie: Oh ja, das wäre prima!

Yes, can I help you?
Well, ... I'd like to get married.
I'm looking for a husband.
Fine. I'm sure we can arrange that.
Have a look at these men here – they want to get married, too.
Oh ... But I'd prefer a young man.
Would that be possible?
Of course.
This man's young – and good-looking.
How about him?
Oh yes, he'd be great.

2 Max.

3 a) Ich möchte (heiraten). – Ich hätte gern (einen Mann). – Ich hätte aber lieber (einen jungen Mann). b) Wäre das möglich?

4 △ Partnervermittlung Harmonie (= marriage bureau ...). Guten Tag!
○ Guten Tag, mein Name ist ...
△ Guten Tag, Herr/Frau ...
○ Also, ich möchte heiraten. / ... (ich suche einen Partner).
△ Was für einen Typ suchen Sie denn?
○ Ich hätte gerne einen attraktiven (jungen, intelligenten) Mann. / ... eine intelligente (junge, attraktive) Frau.
Wäre das möglich?

5 Max hadn't made up his mind about what he wanted to eat.

Melanie: Was hätten Sie gerne?
Max: Etwas zu essen! Egal was!
Melanie: Etwas zu essen! Egal was!
Max: Ja, und etwas zu trinken!
Melanie: Etwas zu trinken: egal was?
Max: Ja, egal was!
Melanie: Bitte sehr: etwas zu essen und zu trinken!
Egal was!

What would you like?
Something to eat. It doesn't matter what.
Something to eat. It doesn't matter what.
Yes, and something to drink.
Something to drink, it doesn't matter what?
Yes, it doesn't matter what.
Here you are: something to eat and something to drink.
It doesn't matter what.

6 Speisen: die Tomatensuppe
die Gulaschsuppe
die Champignoncremesuppe
das Wiener Schnitzel
das Kalbsfrikassee
das Kalbsschnitzel
der Hering
der Seebarsch
die Seezunge

Meals: tomato soup
goulash soup
cream of mushroom soup
Wiener schnitzel
veal fricassee
veal cutlet
herring
perch
sole

Getränke: die Limonade
die Milch
das Mineralwasser
das Bier
der Dornkaat
der Schnaps
der Kognak
der Wein

Beverages: lemonade
milk
mineral water
beer
dornkaat (= schnapps made from juniper)
schnapps
brandy
wine

7

	1	2	3	4
Foto	a	b	d	c

8 Die Rosen waren nicht für Petra.

9 a) – Ich hätte jetzt gerne etwas zu essen.
– Ich hätte lieber Fisch.
b) – Hier – wie wäre das? Seezunge mit ...
– Wie wäre es mit einem Steak?
c) Ich hätte gern das Steak, und meine
Freundin nimmt die Seezunge.
Ich hätte gerne einen trockenen Weißwein.

10
1 Steak mit Champignons	24,50 DM
1 Seezunge	26,— DM
2 Weißwein	12,— DM
	62,50 DM

Es wird bald regnen

How does Melanie predict what the weather is going to be like?

Es wird bald regnen.

Es wird ein Gewitter geben.

...es wird bald regnen.

Max: Puh … ist das ein heißer Tag heute!

Melanie: Stimmt! Aber _____.

Max: Regnen? Es ist doch heiß!

Melanie: Ja, aber zu heiß! _____.

Max: Ein Gewitter? Die Sonne scheint doch! Es wird nicht regnen.

Melanie: Doch! _____.

Melanie and Max meet on a summer's day. What is the weather like?

☐   Es ist schön.   ☐   Es regnet.   ☐   Es ist schlecht.

Who says what about what the weather is going to be like?

Max   Melanie

Who is right in the end? Can you remember?   ☐   Max   ☐   Melanie

cf. p. 168

5 Melanie arrives at her new place of work ...

Melanie:	Ich hoffe, daß ich hier richtig bin.
	Sie sind doch der Direktor?
Max:	Ja, bin ich. Guten Tag.
Melanie:	Tag.
	Ich bin die neue Sekretärin.
	Ist das hier mein Schreibtisch?
Max:	Nein, nein – das hier ist Ihr Schreibtisch.
	So, ich hoffe, daß es Ihnen bei uns gefällt.
Melanie:	Das hoffe ich auch. Danke.

How does this not entirely serious story continue? Can you remember?

a) ☐ Melanie likes her new job very much.

b) ☐ She and her boss have different ideas about work.

c) ☐ Melanie leaves the job, as she has won in the state lottery.

d) ☐ She doesn't earn enough money.

You have been given one of the jobs advertised. It's your first day at work and you're being shown the ropes.
Complete the dialog.

○ _____ .

    Sie sind doch Herr/Frau _____ ?

△ Ja, bin ich. Guten Tag!

○ Guten Tag, ich heiße _____ .
_____ .

△ Schön! Kommen Sie, ich zeige Ihnen Ihren neuen Arbeitsplatz.

○ Danke!

> Ich hoffe, daß ich hier richtig bin!

> Ich bin der neue Redakteur.

> Ich bin die neue Redakteurin.

Careers

♂	♀	♂/♀
Redakteur	Redakteurin	editor
Programmierer	Programmiererin	programmer
Lehrer	Lehrerin	teacher
Arzt	Ärztin	doctor
Verkäufer	Verkäuferin	salesperson
Geiger	Geigerin	violinist
Therapeut	Therapeutin	therapist

Melanie:

– Du wirst _____ _____!

Du wirst nie _____ _____ _____!

– Bitte Max!

Nicht so laut!

Du wirst _____ _____!

– Max! Dein Spiel ist schön!

Du, es wird _____ _____!

Max, Du wirst doch _____ _____ _____!

immer schlechter   *immer lauter*   *immer schöner*

ein guter Geiger   *ein großer Geiger*

7 Complete Melanie's remarks on Max's violin skills.

8 *Underline all the forms of "werden" (e. g. "wirst") and translate these sentences into your native language.*

In a car factory in Bremen, Dieter Rixner gets a surprise.

Match up three of the following captions with the short dialogs below.

1. Eva Rake bekommt den Parkplatz von Dieter Rixner.
2. Dieter Rixner spricht mit einem Kollegen über ein Problem.
3. Dieter Rixner bekommt ein Paket.
4. Die Kollegen sind neugierig auf das Paket.
5. Eva Rake nimmt den Parkplatz nicht.
6. Eva Rake dankt für den Parkplatz mit einem Geschenk.

a)
Rixner:	Was kann denn in dem Paket sein?
Kollege:	Jetzt wird es spannend!
Kollegin:	Wir werden immer neugieriger!
Kollege:	Ich hoffe, daß etwas sehr Schönes darin ist.

b)
Rixner:	Was ist denn das?
Kollege:	Das hat mir eben die Sekretärin vom Chef gegeben.

c)
Rixner:	Habt ihr den Fehler gestern gefunden?
Kollege:	Ja. Alles in Ordnung.

1	2	3	4	5	6

Which caption is wrong? ☐

bekommen	to get, to receive
neugierig sein auf	to be curious about (s. th.)
spannend	exciting

D. Rixner:	Was ist denn das?
Herr Brechtel:	Das hat mir eben die Sekretärin vom Chef gegeben.
	Das ist für Sie!
D. Rixner:	Für mich? Wieso denn für mich?
	Das ist sicher ein Irrtum! ...
Frau Heese:	Nein, nein, kein Irrtum ...
	Machen Sie doch endlich auf!
D. Rixner:	O.K., ich werde es gleich aufmachen!
Herr Brechtel:	Wir werden immer neugieriger ...
Frau Heese:	Jetzt wird es spannend!
Herr Brechtel:	Ich hoffe, daß etwas Schönes für Sie darin ist.

11 The verb "werden" occurs in more than one meaning here.
Put the sentences containing "werden" into the appropriate column of the grid below.

a) "werden" expresses a connection to the future

Ich werde gleich kommen.

b) "werden" expresses a change of state

Ich werde neugierig.

12 What do you think of the idea with the toy car?

prima ☐ ☺   gut ☐ ☺   schlecht ☐ ☹

die Sekretärin, die Sekretärinnen   secretary
der Irrtum, die Irrtümer   mistake

1 Max: Puh … ist das ein heißer Tag heute!

Melanie: Stimmt! Aber es wird bald regnen!

Max: Regnen? Es ist doch heiß!

Melanie: Ja, aber zu heiß! Es wird ein Gewitter geben.

Max: Ein Gewitter? Die Sonne scheint doch!
Es wird nicht regnen.

Melanie: Doch! Es wird bald regnen.

Phew, … it's a hot day today.

You're right. But it's going to rain soon.

Rain? But it's hot.

Yes, but it's too hot. There's going to be a thunderstorm.

A thunderstorm? But the sun's shining.
It's not going to rain.

Yes, it is. It's going to rain soon.

2 Es ist schön.

3 Max: Melanie:

4 Melanie

5 Melanie: Ich hoffe, daß ich hier richtig bin.
Sie sind doch der Direktor?

Max: Ja, bin ich. Guten Tag.

Melanie: Tag. Ich bin die neue Sekretärin.
Ist das hier mein Schreibtisch?

Max: Nein, nein – das hier ist Ihr Schreibtisch.
So, ich hoffe, daß es Ihnen bei uns gefällt.

Melanie: Das hoffe ich auch. Danke.

I hope I've got the right office here.
You are the manager, aren't you?

Yes, that's me. Good morning.

Morning. I'm the new secretary.
Is this my desk?

No, no … This is your desk.
Well, I hope you're going to like it here.

Yes, I hope so, too. Thanks.

Melanie and her boss have different ideas about work.

6 ○ Ich hoffe, daß ich hier richtig bin.
Sie sind doch Herr/Frau …

△ Ja, bin ich. Guten Tag.

○ Guten Tag. Ich heiße …
Ich bin der/die neue Redakteur/Redakteurin.

△ Schön! Kommen Sie, ich zeige Ihnen Ihren neuen
Arbeitsplatz.

○ Danke.

7/8 Melanie: Du <u>wirst</u> immer schlechter!
Du <u>wirst</u> nie ein guter Geiger!
Bitte Max! Nicht so laut!
Du <u>wirst</u> immer lauter!
Max! Dein Spiel ist schön!
Du, es <u>wird</u> immer schöner!
Max – Du <u>wirst</u> doch ein großer Geiger!

You're getting worse and worse.
You'll never be a good violinist.
Please Max, not so loud.
You're getting louder and louder.
Max, your playing is nice.
Hey, it's getting nicer and nicer.
Max – you're going to be a great violinist after all.

9

1	2	3	4	5	6
–	c	b	a	–	–

10 Nr. 5

11 a) Ich werde es gleich aufmachen.
b) Wir werden immmer neugieriger.
Jetzt wird es spannend!

14 *Würden Sie mir bitte helfen?*

Max would like to pick up a book from the library ...

Martin:	Würdest du bitte die Tür schließen, Max? Danke.
	...
Max:	Würden Sie mir bitte das Buch dort geben?
Amelie:	Ja, ich hole es Ihnen. Würden Sie mir bitte helfen?
Max:	Ich würde Ihnen gerne helfen. Nur – wie?
Amelie:	Helfen Sie mir!

1 Underline all the forms of "würde" + infinitive in the dialog.

> *giving advice*
> **Ich würde das rote Kleid nehmen.**
>
> **würde + infinitive**
>
> *expressing a polite request*
> **Würden Sie mir bitte den Schlüssel geben?**
>
> *expressing a wish or desire*
> **Ich würde gerne nach Frankfurt fliegen.**

2 Make up your mind what function "würde" + infinitive has in each of the sentences. Enter your results in the table below.

Function		
Examples		

Max and Amelie have been married for exactly a year.
What presents do they surprise each other with?

1. Welches Geschenk hat Max für Amelie? _____

2. Welches Geschenk hat Amelie für Max? _____

3. Gefällt Max das Geschenk? _____

4. Gefällt Amelie das Geschenk? _____

5. Wer nimmt den Hut? _____

6. Wer nimmt die Kette? _____

7. Welches Geschenk haben sie noch gekauft? _____

Complete the dialog for Amelie and Max.

Max:	Amelie:
Nun sind wir ein Jahr verheiratet.	Ja, _____.
Ich habe ein Geschenk für dich.	Oh! Ein _____! Für mich?
Ja. Gefällt dir der Hut nicht?	_____!
Eine Kette? Für mich? Das gefällt mir nicht!	Oh, dann _____.
O.k., nimm die Kette!	Gut, und du?
Ich _____.	

Hut? Nein! ...nehme den Hut. ...nehme ich die Kette. ...das müssen wir feiern.

5 *Look at the requests underlined in the dialog. Now put them into the imperative.*
(Requests with "würde" seem less forceful and more polite than in the imperative proper.)

Martin:	<u>Würdest du bitte die Tür schließen, Max?</u>
	Danke!
Max:	<u>Würden Sie mir bitte das Buch dort geben?</u>
Amelie:	Ja, ich hole es Ihnen.
	<u>Würden Sie mir bitte helfen?</u>
Max:	Ja, nur wie? Peter und Martin, <u>würdet ihr bitte auch helfen?</u>

Beispiel: <u>Würdest du bitte die Tür schließen?</u>

Schließ bitte die Tür.

Infinitive	Imperative		
	„Sie"	„du"	„ihr"
machen	machen Sie!	mach!	macht!
geben	geben Sie!	gib!	gebt!

Österreich

A family has arrived in Salzburg on vacation. As none of them has ever been in Salzburg before, they find their bearings with the help of a map of the town.

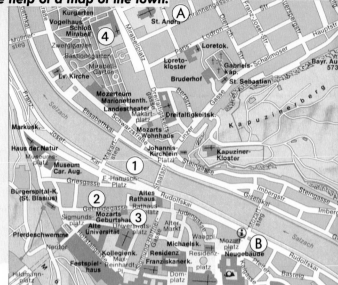

Salzburg
① Salzach
② Getreidegasse
③ Mozarthaus
④ Schloß Mirabell

⑥ **Fill in the missing places.**

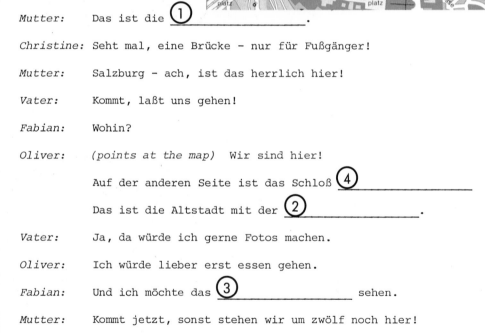

Mutter:	Das ist die ① _____.
Christine:	Seht mal, eine Brücke – nur für Fußgänger!
Mutter:	Salzburg – ach, ist das herrlich hier!
Vater:	Kommt, laßt uns gehen!
Fabian:	Wohin?
Oliver:	*(points at the map)* Wir sind hier!
	Auf der anderen Seite ist das Schloß ④ _____
	Das ist die Altstadt mit der ② _____.
Vater:	Ja, da würde ich gerne Fotos machen.
Oliver:	Ich würde lieber erst essen gehen.
Fabian:	Und ich möchte das ③ _____ sehen.
Mutter:	Kommt jetzt, sonst stehen wir um zwölf noch hier!

⑦ **Where is the family?**   ☐ Position A   ☐ Position B

die Stunde, die Stunden	hour	laßt uns gehen!	let's go
durch	through	auf der anderen Seite	on the other side
die Stadt, die Städte	town, city	sonst	otherwise
die Brücke, die Brücken	bridge	stehen	to stand
der Fußgänger, die Fußgänger	pedestrian	um zwölf	at noon

Everyone in the family wants something different. Match up the people with the appropriate statements.

1. Oliver hat Hunger und möche sofort essen gehen.
2. Fabian ist Individualist. Er möchte lieber allein gehen.
3. Christine möchte mit ihrem Vater gehen.
4. Papa muß alles fotografieren.
5. Mutter möchte zuerst in die Stadt und dann mit der Familie essen gehen.

a) '"Ich würde lieber allein losgehen!"

b) "Wir könnten uns die Stadt anschauen und dann essen gehen."

c) "Ja, da würde ich gerne Fotos machen!"

d) "Ich würde lieber zuerst essen gehen!"

e) "Würdest du mich mitnehmen?"

1	2	3	4	5

allein	alone, on one's own
anschauen	to look at
zuerst	first
mitnehmen	to take (s. th., s. o.) along

93

Glossary and Key

1 Martin: <u>Würdest du</u> bitte die Tür <u>schließen</u>, Max? Danke!
    Max: <u>Würden Sie</u> mir bitte das Buch dort <u>geben</u>?
    Amelie: Ja, ich hole es Ihnen.
    <u>Würden Sie</u> mir bitte <u>helfen</u>?
    Max: <u>Ich würde</u> Ihnen gerne <u>helfen</u>. Nur – wie?
    Amelie: Helfen Sie mir!

Would you close the door, please, Max?
Thanks.
Would you give me that book, please?
Yes, I'll get it for you.
Would you help me, please?
I'd like to help you – but how?
Help me!

2 *Polite request:*
  – Würdest du bitte die Tür schließen?
  – Würden Sie mir bitte das Buch dort geben?
  – Würden Sie mir bitte helfen?

Wish/Desire:
  – Ich würde Ihnen gerne helfen.

3 1. einen Hut
   2. eine Kette
   3. nein
   4. nein
   5. Max
   6. Amelie
   7. Amelie: eine Uhr
      Max: einen Ring

4 Max: Nun sind wir ein Jahr verheiratet.
    Amelie: Ja, das müssen wir feiern!
    Max: Ich habe ein Geschenk für dich.
    Amelie: Oh! Ein Hut?! Für mich?
    Max: Ja. Gefällt dir der Hut nicht?
    Amelie: Nein!
    Max: Eine Kette? Für mich? Das gefällt mir nicht.
    Amelie: Oh, dann nehme ich die Kette!
    Max: O.k., nimm die Kette!
    Amelie: Gut, und du?
    Max: Ich nehme den Hut.

Well, we've been married for one year, now.
Yes, that's something we should celebrate.
I've got a present for you.
Oh! A hat?! For me?
Yes ... Don't you like the hat?
No!
A necklace? For me? I don't like it.
Oh well, I'll take the necklace, then.
Okay, take the necklace.
All right. And what about you?
I'll take the hat.

5 Geben Sie mir bitte das Buch dort!
Helfen Sie mir bitte!
Peter und Martin, helft bitte auch!

6 Mutter: Das ist die Salzach.
    Oliver: Auf der anderen Seite ist das Schloß Mirabell.
    Das ist die Altstadt mit der Getreidegasse.
    Fabian: Und ich möchte das Mozarthaus sehen.

7 *Position B*

8

1	2	3	4	5
d	a	e	c	b

Ich weiß, was Ihnen fehlt

Melanie buys a newspaper from Max every morning and evening.

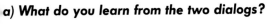

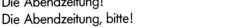

Max:	Die Morgenzeitung!	Max:	Die Abendzeitung!
	Die Morgenzeitung!		Die Abendzeitung!
Melanie:	Die Morgenzeitung, bitte!	Melanie:	Die Abendzeitung, bitte!
Max:	Sie lesen auch morgens immer die Zeitung?	Max:	Sie lesen immer am Abend die Zeitung?
Melanie:	Nein, am Morgen nie.	Melanie:	Nein, abends nie!

a) What do you learn from the two dialogs?

_____

_____

b) How do you account for this situation?

_____

_____

15

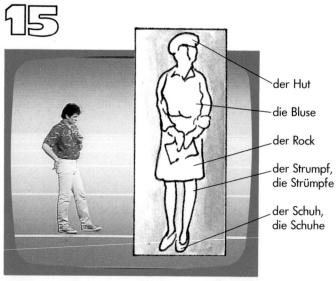

der Hut

die Bluse

der Rock

der Strumpf,
die Strümpfe

der Schuh,
die Schuhe

2 **What does Melanie say about how she's dressed today?**
Complete the dialog.

Max: Warum hast du einen grünen Hut auf?

Melanie: Weil die Bluse grün ist.

Max: Und warum ist deine Bluse grün?

Melanie: Weil _____.

Max: Und warum ist dein Rock grün?

Melanie: Weil _____.

Max: Und warum sind deine Strümpfe und deine Schuhe grün?

Melanie: Weil der Hut _____.

> Der Hut [ist] grün,
>
> **weil** die Bluse grün [ist.]

3 **Why green?**
You answer for Melanie.

☐   weil mir grün gefällt   ☐   weil grün die Farbe der Hoffnung* ist
☐   weil grün meine Farbe ist   ☐   weil grün eine Sommerfarbe ist

die Farbe   rot   grün   blau   gelb   weiß   schwarz

*Every country and culture endows colors with a particular meaning. In Germany green is the color of hope.

96

And you, how do you feel?

Ich bin glücklich,

weil ich Ferien habe.

weil _____

weil _____

weil _____

weil _____

Ich bin traurig,

weil _____

weil _____

weil _____

weil _____

...ich viele Freunde habe.

...ich zu viel Arbeit habe.

...ich Zeit habe. . . . .

...ich keine Freunde habe.

. . . .

...ich keine Ferien habe.

Which car would you buy?

Ich würde das Auto (nicht) kaufen,

weil _____

_____

_____

elegant   schnell   billig

komfortabel   sportlich   (nicht) zu teuer

schnell   *fast*

Max doesn't feel well. Amelie has called the doctor to help him.

6 Complete the dialog.

Arzt: Nun, wie geht's?

Amelie: Der Doktor möchte wissen,

wie _es dir geht_ .

Arzt: Haben Sie Schmerzen?

Amelie: Der Doktor fragt, ob _____

Arzt: Und wo haben Sie Schmerzen?

Amelie: Der Doktor fragt, wo _____

Arzt: Haben Sie Fieber?

Amelie: Der Doktor möchte wissen, ob _____

Max: Ich weiß nicht, ob _____

Arzt: Oh, ich weiß, was Ihnen fehlt: frische Luft!

Amelie: Der Doktor weiß, was dir _____

Arzt: Und hier die Rechnung!

Max: Ich glaube, jetzt bin ich wirklich krank!!

<u>Haben</u> Sie Schmerzen?

Ich möche wissen, | ob | Sie Schmerzen <u>haben.</u>

Wie <u>geht</u> es Ihnen?

Ich möchte wissen, | wie | es Ihnen <u>geht.</u>

---

7 Why does Max think that he is really ill now?

☐ because he felt better under the glass bowl
☐ because he has suffered an oxygen shock
☐ because the bill is too high
☐ because the doctor has hit him on the head with the hammer.

98

Mark down on the map the route taken by the balloon.

You've now reached a stage where you can understand the following three texts without too much trouble. (You can get the idea from the words you already know and guess the others from the context.) Which picture matches which text?

___ ist eine Wallfahrtskirche und eines der schönsten Beispiele für religiöse Rokokoarchitektur. Dominikus Zimmermann hat zusammen mit seinem Bruder dieses herrliche Bauwerk 1745-54 gebaut.

___ wurde 1874–78 für König Ludwig II. von Bayern gebaut. Das Schloß liegt in einem wunderschönen Park. Es imitiert den Stil von Ludwig XIV. von Frankreich.

___ wurde in den Jahren 1869–86 als neuromanische Burg für König Ludwig II. von Bayern gebaut. Sie liegt phantastisch am Rande der Alpen. Hier gibt es Bilder mit Szenen aus Opern von Richard Wagner („Tannhäuser", „Parzifal", „Tristan und Isolde").

① Die Wieskirche

② Neuschwanstein

③ Schloß Linderhof

Glossary and Key

1 a) Max sells the morning newspaper. Melanie buys a newspaper every morning, but she never reads the newspaper in the morning.

Max also sells the evening newspaper. Melanie buys a newspaper every evening, but she doesn't read the paper in the evening either.

b) Melanie is in love with Max. She'd also like to study his face very closely, as she's making a sculpture of his head at home.

Max:	Die Morgenzeitung!	The morning paper!
	Die Morgenzeitung!	The morning paper!
Melanie:	Die Morgenzeitung, bitte!	The morning paper, please.
Max:	Sie lesen auch morgens immer die Zeitung?	Do you always read the paper in the morning, too?
Melanie:	Nein, am Morgen nie.	No, never in the morning.
Max:	Die Abendzeitung!	The evening paper!
	Die Abendzeitung!	The evening paper!
Melanie:	Die Abendzeitung, bitte!	The evening paper, please.
Max:	Sie lesen immer am Abend die Zeitung?	Do you always read the paper in the evening?
Melanie:	Nein, abends nie!	No, never in the evening.

2

Max:	Warum hast du einen grünen Hut auf?	Why do you have a green hat on?
Melanie:	Weil die Bluse grün ist.	Because my blouse is green.
Max:	Und warum ist deine Bluse grün?	And why is your blouse green?
Melanie:	Weil der Rock grün ist.	Because my skirt is green.
Max:	Und warum ist dein Rock grün?	And why is your skirt green?
Melanie:	Weil die Strümpfe und Schuhe grün sind.	Because my stockings and shoes are green.
Max:	Und warum sind deine Strümpfe und Schuhe grün?	And why are your stockings and shoes green?
Melanie:	Weil der Hut grün ist.	Because my hat is green.

5 ... weil es schnell (billig, sportlich ...) ist.

6

Arzt:	Nun, wie geht's?	Well, how are we?
Amelie:	Der Doktor möchte wissen, wie es dir geht.	The doctor wants to know how you are.
Arzt:	Haben Sie Schmerzen?	Are you in pain?
Amelie:	Der Doktor fragt, ob du Schmerzen hast.	The doctor is asking whether you are in pain.
Arzt:	Und wo haben Sie Schmerzen?	And where are the pains?
Amelie:	Der Doktor fragt, wo du Schmerzen hast.	The doctor is asking where the pains are.
Arzt:	Haben Sie Fieber?	Do you have a temperature?
Amelie:	Der Doktor möchte wissen, ob du Fieber hast.	The doctor wants to know whether you've got a temperature.
Max:	Ich weiß nicht, ob ich Fieber habe.	I don't know whether I've got a temperature.
Arzt:	Oh, ich weiß, was Ihnen fehlt: frische Luft!	Oh, I know what's wrong with you. You need some fresh air.
Amelie:	Der Doktor weiß, was dir fehlt.	The doctor knows what's wrong with you.
Arzt:	Und hier die Rechnung!	And here's the bill.
Max:	Ich glaube, jetzt bin ich wirklich krank!	I think I'm really ill now!

7 ... because the bill is too high.

8 1. Wieskirche – 2. Schloß Linderhof – 3. Schloß Neuschwanstein

9 1. Die Wieskirche – 2. Schloß Linderhof – 3. Schloß Neuschwanstein

Sie ist eben noch hier gewesen

Martin and Max are at the beach.
Martin is just coming back from having a swim.

Martin:	Hallo. Max!
	Ich bin eben im Wasser gewesen.
	Bist du auch im Wasser gewesen?
Max:	Nein, ich kann nicht schwimmen.
Martin:	Schade!
	Wo ist Melanie?
Max:	Ich weiß es nicht.
	Sie ist eben noch hier gewesen.
Martin:	Da kommt sie ja.
Melanie:	Du kannst nicht schwimmen, Max.
	Aber ich bin eben ins Meer hinaus-
	geschwommen.
Max:	Ich kann nicht schwimmen, aber ich
	kann fliegen!
Melanie:	Nein! – Das kannst du nicht!
Max:	Doch!
	Ich fliege jetzt über das Wasser!
Melanie:	Max! Max!
Max:	Na, was sagst du jetzt?
	Ich bin über das Wasser geflogen!

Fill in the grid.

	Wer kann was?	Wer kann was nicht?	Wer hat was schon gemacht?
Martin	*Martin kann schwimmen*		
Max			
Melanie			

ich bin	gewesen	geflogen	geschwommen
du bist	gewesen		
er/sie/es ist	gewesen		

16

2 Fill in the blanks.

Ich öffne jetzt die Tür!

Ha! Ich habe die Tür _____!

Ich rieche einen Käse!

Na bitte: ein Käse!

Ich nehme jetzt den Käse.

So, ich _____.

Ich schließe jetzt die Tür.

So, ich _____.

...geöffnet.

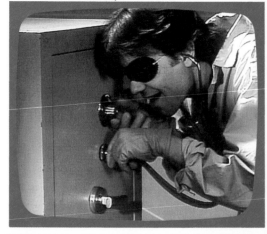

...habe den Käse genommen.

...habe die Tür geschlossen.

gehen			gegangen
kommen	er	ist	gekommen
nehmen			genommen
finden			gefunden
schließen	er	hat	geschlossen
öffnen			geöffnet

Verbs which express movement or a change of state or condition (e.g. *gehen, werden*) form the Perfect Tense with *sein* rather than with *haben*. The verb *sein* itself also forms the Perfect Tense with *sein*.

3 Say what happened to Max.

MAX!

der
SUPERMARKT

① der Safe

②

③

④

⑤

⑥ hinter Gitter

① _Max ist_ _____

② _____

③ _____

④ _____

⑤ _____

⑥ _____

cf. p. 166, 167

Match the captions to the film scenes.

b) Reporter Schmidt und die Neskes vor dem Europa-Center

a) Am Brandenburger Tor

c) Reporter Schmidt und die Neskes an der Berliner Mauer

d) Filmszene auf dem Europa-Center

1	2	3	4	5

e) In der Berliner Zeitungsredaktion

16

Berlin

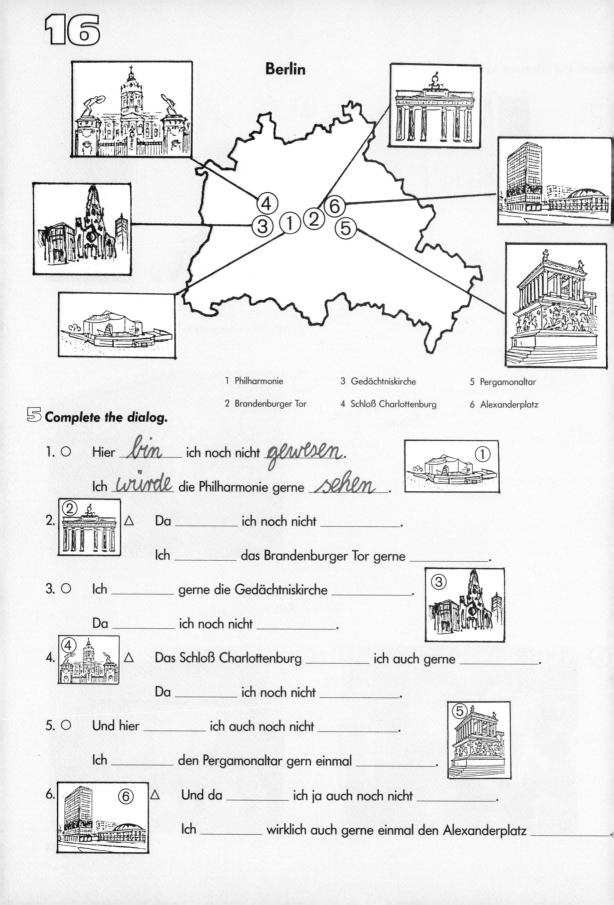

1 Philharmonie   3 Gedächtniskirche   5 Pergamonaltar

2 Brandenburger Tor   4 Schloß Charlottenburg   6 Alexanderplatz

5 Complete the dialog.

1. ○   Hier _bin_ ich noch nicht _gewesen_.

      Ich _würde_ die Philharmonie gerne _sehen_.

2. △   Da _____ ich noch nicht _____.

      Ich _____ das Brandenburger Tor gerne _____.

3. ○   Ich _____ gerne die Gedächtniskirche _____.

      Da _____ ich noch nicht _____.

4. △   Das Schloß Charlottenburg _____ ich auch gerne _____.

      Da _____ ich noch nicht _____.

5. ○   Und hier _____ ich auch noch nicht _____.

      Ich _____ den Pergamonaltar gern einmal _____.

6. △   Und da _____ ich ja auch noch nicht _____.

      Ich _____ wirklich auch gerne einmal den Alexanderplatz _____

1

Martin:	Hallo. Max!	Hey, Max.
	Ich bin eben im Wasser gewesen.	I've just <u>been</u> in the water.
	Bist du auch im Wasser gewesen?	Have you <u>been</u> in the water, too?
Max:	Nein, ich kann nicht schwimmen.	No. I can't swim.
Martin:	Schade!	That's too bad.
	Wo ist Melanie?	Where's Melanie?
Max:	Ich weiß es nicht.	I don't know.
	Sie ist eben noch hier gewesen.	She <u>was</u> here a minute ago.
Martin:	Da kommt sie ja.	Ah, here she comes.
Melanie:	Du kannst nicht schwimmen, Max.	You can't swim, Max.
	Aber ich bin eben ins Meer hinausgeschwommen.	But I just <u>swam</u> out into the ocean.
Max:	Ich kann nicht schwimmen, aber ich kann fliegen!	I can't swim, but I can fly!
Melanie:	Nein. – Das kannst du nicht!	No, you can't.
Max:	Doch!	Yes I can!
	Ich fliege jetzt über das Wasser!	I'm going to fly over the water right now.
Melanie:	Max! Max!	Max! Max!
Max:	Na, was sagst du jetzt?	Well, what do you say to that?
	Ich bin über das Wasser geflogen!	I just <u>flew</u> over the water.

As you can see from the original text, the use of the Perfect Tense in German is different from the English Present Perfect.

Martin	er kann schwimmen		er ist im Wasser gewesen
Max	er kann fliegen	er kann nicht schwimmen	er ist über das Wasser geflogen
Melanie	sie kann schwimmen		sie ist ins Meer hinausgeschwommen

2 Max:

Ich öffne jetzt die Tür.	I am opening the door now.
Ha! Ich habe die Tür geöffnet.	Aha. I've opened the door.
Ich rieche einen Käse!	I can smell cheese.
Na bitte: ein Käse!	What did I tell you? Cheese.
Ich nehme jetzt den Käse.	I'm taking the cheese now.
So, ich habe den Käse genommen.	Okay. I've taken the cheese.
Ich schließe jetzt die Tür.	I'm closing the door now.
So, ich habe die Tür geschlossen.	Okay. I've closed the door.

3 1. Max ist in einen Supermarkt gegangen.
2. Er hat den Safe geöffnet.
3. Er hat kein Geld gefunden (genommen).
4. Er hat den Käse genommen.
5. Dann hat er den Safe geschlossen.
6. Und dann ist er hinter Gitter gekommen.

4

1	2	3	4	5
d	e	c	b	a

5 2. bin … gewesen / würde (möchte) … sehen – 3. würde (möchte) … sehen / bin … gewesen – 4. würde (möchte) … sehen / bin … gewesen – 5. bin … gewesen / würde (möchte) … sehen – 6. bin … gewesen / würde (möchte) … sehen.

17 *Wir könnten ins Theater gehen*

1 **Max and Melanie can't make up their minds what to do …**
Play the role of Max and make suggestions as to what to do this evening.

Max: *Wir könnten in den Zirkus gehen.*

Melanie: Ich habe keine Lust!

Max: _____

Melanie: Was gibt's?

Max: _____

Melanie: Ich habe keine Lust!

Max: _____

Melanie: Was gibt's?

Max: _____

Melanie: Ich habe keine Lust!

Max: _____

Melanie: Was gibt's?

Max: _____

Melanie: Ich habe keine Lust!

Wir könnten ins Kino gehen.

Wir könnten ins Theater gehen.

Wir könnten in die Oper gehen.

"Die Zauberflöte."

Einen Heimatfilm.

"Die Räuber."

2 **Make suggestions to your partner about what to do this evening.**

○ Wir könnten _____

○ Wir könnten auch _____

cf. p. 168

Max would like to have some cake, but he is very fussy. Complete the dialog.

Ich hätte gern ...

Ich hätte lieber ...

Max:	Guten Tag. Ich _____ ein Stück Kuchen.
Melanie:	Welchen Kuchen möchten Sie denn gern?
Max:	Ich _____ davon! Oder nein:
	Ich _____ davon!
Melanie:	Sie möchten lieber ein Stück Erdbeerkuchen?
Max:	Ja, davon hätte ich gern! Oder nein:
	Ich _____ davon!
	Oder nein: Ich _____.

♥	♥	♥
+	++	+++
gern	lieber	am liebsten

How would you have reacted if you were Melanie?

☐ Nehmen Sie selber, was Sie wollen!
☐ Möchten Sie lieber Käse?
☐ Wissen Sie denn nicht, was Sie wollen?
☐ Wollen Sie mich krank machen?
☐ Nehmen Sie endlich!

Here you can write down your secret wishes.

Ich hätte gern ...
Ich möchte gern...

Aber noch lieber hätte
ich ...

Julian has bet with his wife, Franziska, that tonight they'll see the opera "Daphne" by Richard Strauss (1864–1949) ...

6 The dialogs between Julian, Franziska and Günter have gotten mixed up.
Put them into the right order.

①
Auf der Leopoldstraße

Julian: Franziska, hättest du Lust,
heute in die Oper zu gehen?

③
Im Theater

Julian: Nach der Oper treffen wir uns
in der Kantine.

②
An der Abendkasse

Herr: Ich habe noch eine Karte.

⑤
In der Kantine

Julian: Günter, das ist Franziska,
meine Frau.

④
In der Statisterie

Günter: Mensch, Julian!
Was machst du denn hier?

d)
Julian: Prima! Die nehmen wir!

e)
Franziska: Lust hätte ich schon,
nur - wir werden keine
Karten bekommen!

b)
Julian: Günter, du mußt mir helfen.

a)
Franziska: Wo ist die Kantine?

c)
Günter: Ich bin ein Jugendfreund von
Julian.

1	2	3	4	5

anziehen	to put on	die Kantine	cafeteria
die Theaterkasse	theater box office	der Jugendfreund	friend from childhood
nach	after	die Statisterie	chorus dressing room

Make up your mind: true or false?

	t	f
1. Julian wants to go to a concert with Franziska.		
2. Franziska would rather go to a movie.		
3. Franziska is quite certain that there are still tickets available.		
4. Julian is sure that they will see the performance.		
5. It's Mozart's "Magic Flute" that is being performed at the opera.		
6. Günter buys them a bottle of champagne.		

1 Max: Wir könnten in den Zirkus gehen.
Melanie: Ich habe keine Lust!
Max: Wir könnten in die Oper gehen.
Melanie: Was gibt's?
Max: „Die Zauberflöte".
Melanie: Ich habe keine Lust!
Max: Wir könnten ins Theater gehen.
Melanie: Was gibt's?
Max: „Die Räuber".
Melanie: Ich habe keine Lust!
Max: Wir könnten ins Kino gehen.
Melanie: Was gibt's?
Max: Einen Heimatfilm.
Melanie: Ich habe keine Lust!

We could go to the circus.
I don't feel like it.
We could go to the opera.
What's playing?
"The Magic Flute".
I don't feel like it.
We could go to the theater.
What's playing?
"The Robbers".
I don't feel like it.
We could go to the movies.
What's playing?
A "Heimatfilm".*
I don't feel like it.

* Genre of film peculiar to German-speaking countries – usually sentimental story in idealized setting, often in the Alps.

3 Max: Guten Tag.
  Ich hätte gern ein Stück Kuchen.
Melanie: Welchen Kuchen möchten Sie denn gern?
Max: Ich hätte gern davon!
  Oder nein:
  Ich hätte lieber davon!
Melanie: Sie möchten lieber ein Stück Erdbeerkuchen?
Max: Ja, davon hätte ich gern!
  Oder nein:
  Ich hätte lieber davon!
  Oder nein: ich hätte lieber davon!

Hello.
I'd like a piece of cake.
Which cake would you like?
I'd like a piece of this one.
No, wait a minute,
I'd prefer a piece of this one.
You'd prefer a piece of strawberry shortcake?
Yes, that's what I'd like.
No, wait a moment …
I'd prefer a piece of this one.
No, hang on – I'll take a piece of this one.

4 – Nehmen Sie selber, was Sie wollen!
– Möchten Sie lieber Käse?
– Wissen Sie denn nicht, was Sie wollen?
– Wollen Sie mich krankmachen?
– Nehmen Sie endlich!

– Listen, just take what you want yourself.
– Would you prefer some cheese instead?
– For heaven's sake, don't you know what you want?
– Are you trying to drive me nuts?
– Oh come on, just take one!

5 *Here are some examples:*

Ich hätte gern	einen Mann.
	ein Kleid.
	ein Motorrad.
Ich hätte lieber	eine Kette.
	eine Kamera.
	eine Frau.

6

1	2	3	4	5
e	d	a	b	c

7 1. false 2. false 3. false 4. true 5. false 6. false

Max and Melanie are doing their keep-fit exercises when their visitor arrives ...

Melanie:	Das ist unser Besuch.
	Bitte kommen Sie herein, Fräulein Weber.
	Ich freue mich sehr, daß Sie uns besuchen.
Fräulein Weber:	Ich freue mich auch.
Melanie:	Mein Mann freut sich auch.
	Er trimmt sich.
	Wir bewegen uns immer.
Fräulein Weber:	Ja, ja, sich bewegen, das ist gesund!

Look back at the dialog, then fill in the blanks.

Melanie: Ich _____ _____ sehr.   Er _____ _____ .

Frl. Weber: Ich _____ _____ auch.   Wir _____ _____ immer.

Melanie: Mein Mann _____   Frl. Weber: Sich _____ , das ist gesund!

_____ auch.

---

sich freuen

ich	freue	mich		wir	freuen	uns	*similarly:*	sich trimmen, sich bewegen,
du	freust	dich		ihr	freut	euch		sich ärgern, sich irren
er/sie/es	freut	sich		sie	freuen	sich		

①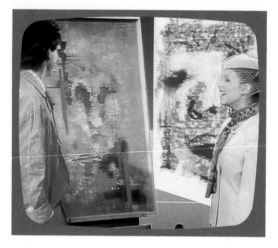

②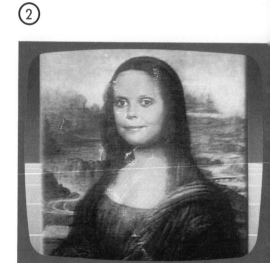

2 a) Underline the sentences which show Melanie's opinion.

Melanie: Ist das mein Portrait?
Max: Ja, das sind Sie, Melanie!
Melanie: Das bin ich?
Sie irren sich Max!
Max: Ich irre mich?
Melanie: Ja, Sie irren sich.
Das bin ich nicht.

Melanie: Oh, das bin ich!!

b) Which portrait does Melanie prefer?

Portrait 1   ☐   Portrait 2   ☐

c) Which portrait do you prefer?

Portrait 1   ☐   Portrait 2   ☐

Max:	Ich muß mal telefonieren, Melanie! Kann ich?
Melanie:	Bitte jetzt nicht, Max! Ich will in Ruhe die Zeitung lesen.
	…
Max:	Nein, Melanie! Kein Radio!
Melanie:	Ich möchte aber Radio hören!
Max:	Und ich will in Ruhe die Zeitung lesen!
Melanie:	Aber warum denn jetzt?
Max:	Nun, vorhin mußte ich telefonieren, aber ich konnte nicht.
	Du wolltest ja in Ruhe Zeitung lesen.
	Und jetzt, jetzt will ich in Ruhe die Zeitung lesen!

Was wollte Max?

_____

Was will er jetzt?

_____

Was wollte Melanie?

_____

Was will sie jetzt?

_____

Present	ich	bin	ich	habe	ich	will	ich	muß	ich	kann
Imperfect		war		hatte		wollte		mußte		konnte

Is this what it's like for you, too? Who bothers you when you're reading the paper?

- ☐ my husband
- ☐ my wife
- ☐ my children

- ☐ my boyfriend
- ☐ …..

How do you react?

4 *Caroline is on vacation with her family.*
Match up the captions with the appropriate place and the appropriate reason.

Am Hotel

Opa will skifahren.

Opa interessiert sich für Trachten.

Im Sportgeschäft

Carolines Vater kann nicht gut skifahren.

Im Museum

Auf der Skipiste

Caroline will nicht mit den Eltern skifahren.

Place	Caption	Reason
1.	Caroline bleibt bei Opa.	
2.	Opa zeigt Caroline alte Trachten.	
3.	Opa leiht sich Ski.	
4.	Carolines Vater ärgert sich.	

5 *Why does Caroline not go with her parents?*

☐ Weil sie nicht skifahren will.
☐ Weil sie lieber mit ihrem Opa zusammen sein will.

sich ärgern	to be annoyed, to get annoyed	das Geschäft, die Geschäfte	shop, store
sich etwas leihen	to rent something	die Skipiste	ski run
die Tracht, die Trachten	traditional costume	bleiben	to stay
die Eltern	parents		

Complete the dialogs.

Vater: Komm, Caroline, beeil dich!

Caroline: Ich _____ noch meine Schuhe
            anziehen. Warum fährt denn Opa nicht
            Ski?

Vater: Opa kann sich nicht mehr so gut bewegen.

Caroline: Dann bleibe ich bei Opa.

Mutter: Ich verstehe dich nicht, Caroline.

            Gestern _____ du noch unbedingt

            skifahren. Und heute _____ du nicht
            mehr?

willst   mußte   wolltest

Caroline: Du, Opa, du _____ doch auch mal
            skifahren!

Opa: Ja, ich _____. Aber jetzt _____
            ich sicher nicht mehr.

Caroline: Du - ich habe eine Idee! Wir leihen Ski
            für dich!

kann   konnte   konntest

Mutter: Rainer, dort drüben ist dein Vater!

Vater: Ach, _____! Mein Vater
            fährt nicht Ski!

Mutter: Da ist auch Caroline.

            Nein, _____!

Caroline: Da sind Mama und Papa ... Schau mal,
            Opa!

ich irre mich nicht   du irrst dich

Glossary and Key

1 Melanie: Das ist unser Besuch. — Our visitor is here.
Bitte kommen Sie herein, Fräulein Weber! — Come on in, Miss Weber.
Ich freue mich sehr, daß Sie uns besuchen. — I'm so glad you could come.
Fräulein: Ich freue mich auch. — I'm pleased to be here.
Melanie: Mein Mann freut sich auch. — My husband is pleased too.
Er trimmt sich. — He's doing his keep-fit exercises.
Wir bewegen uns immer. — We always exercise.
Fräulein: Ja, ja, sich bewegen, das ist gesund! — Ah yes, exercising is good for your health.

Ich freue mich sehr.   Er trimmt sich.
Ich freue mich auch.   Wir bewegen uns immer.
Mein Mann freut sich auch.   Sich bewegen, das ist gesund.

2 a) Melanie: Ist das mein Portrait? — Is that a portrait of me?
Max: Ja, das sind Sie, Melanie! — Yes, that's you, Melanie.
Melanie: Das bin ich? — That's me?
Sie irren sich Max! — You're wrong, Max.
Max: Ich irre mich? — I'm wrong?
Melanie: Ja, Sie irren sich. — Yes, you're wrong.
Das bin ich nicht. — That's not me.
Melanie: Oh, das bin ich! — Oh, that's me!

b) Portrait 2

3 Max: Ich muß mal telefonieren, Melanie! — I have to make a phone call, Melanie.
Kann ich? — Do you mind?
Melanie: Bitte jetzt nicht, Max! — Not now, Max, please.
Ich will in Ruhe die Zeitung lesen. — I want to read the paper in peace.
… — …
Max: Nein, Melanie! Kein Radio! — No, Melanie. Turn off the radio.
Melanie: Ich möchte aber Radio hören! — But I want to listen to the radio.
Max: Und ich will in Ruhe Zeitung lesen! — And I want to read the paper in peace.
Melanie: Aber warum denn jetzt? — But why right now?
Max: Nun, vorhin mußte ich telefonieren, — Well, I had to make a phone call earlier on,
aber ich konnte nicht. — and I couldn't,
Du wolltest ja in Ruhe Zeitung lesen. — because you, of course, wanted peace to read the paper.
Und jetzt, jetzt will ich in Ruhe die Zeitung lesen! — So now I want to read the paper in peace!

Imperfect   *Present*

Max wollte telefonieren.   – Max will Zeitung lesen.
Melanie wollte Zeitung lesen. – Melanie will Radio hören.

4 1. Am Hotel – Caroline will nicht mit den Eltern skifahren.
2. Im Museum – Opa interessiert sich für Trachten.
3. Im Sportgeschäft – Opa will skifahren.
4. Auf der Skipiste – Carolines Vater kann nicht gut skifahren.

5 Weil sie lieber mit ihrem Opa zusammen sein will.

6 1. mußte / wolltest / willst
2. konntest / konnte / kann
3. du irrst dich / ich irre mich nicht.

kurz

lang

he following dialog is about hair and hairstyles.
ill in the blanks, please.

Melanie: Ihre Haare sind _____.

Max: Ja, schon.
Aber schneiden Sie die Haare nur

_____ kürzer.

Melanie: Gut, nur etwas. Wollen Sie fernsehen?

Max: Oh ja, gern.

Melanie also watches TV while she is cutting –
nd she cuts Max's hair really short.)

Max: Meine Haare sind _____.
Das ist häßlich!

Melanie: Das finde ich gar nicht. Das ist modern.
Kurz ist jetzt modern.

our hair is too short.
What do you say to the hairdresser?

☐ Die Haare sind viel zu kurz.
Das ist häßlich.

☐ Die Haare sind etwas zu kurz.

☐ Die Haare sind ziemlich kurz –
aber gar nicht schlecht.

Max: Beruhigen Sie sich doch!
Was ist denn passiert?
Melanie: Um 11 Uhr ging ich ins Bett.
Max: Um 11 Uhr gingen Sie ins Bett.
Melanie: Ich schlief sofort ein.
Max: Sie schliefen sofort ein.
Melanie: Ich hörte ein Geräusch.
Und dann …
Da! Da! Hören Sie!
Da ist es wieder! …

2 What happened to Melanie in the hotel room?

☐ Sie schlief sofort ein
und schlief dann gut.

☐ Sie hörte ein Geräusch,
schlief aber dann ein.

☐ Sie schlief sofort ein
und hörte dann ein Geräusch.

3 What happened then to Melanie and the policeman?

☐ Sie hörte das Geräusch wieder.

☐ Nichts. Sie beruhigte sich.

4 Underline the verbs in the text which show what Melanie did and what happened to her.

Present Imperfect	ich	gehe ging	schlafe … ein schlief … ein	höre hörte	beruhige mich beruhigte mich

cf. p. 167

In a beautiful castle Melanie hears a ghostly voice:

> Kommen Sie herein und schließen Sie die Tür.
> Gehen Sie jetzt bitte zum Schrank!
> Öffnen Sie die Tür!

Who was in the cupboard?

☐ ein Geist ☐ ein Mann ☐ ein Tonbandgerät

Was sagte der Geist? **Was machte Melanie?**

Kommen Sie herein! *Sie kam herein.*

Schließen Sie die Tür! _____

Gehen Sie zum Schrank! _____

Öffnen Sie die Tür! _____

kam
schloß
ging
öffnete

Melanie explained to the caretaker of the castle what happened to her.
Fill in what Melanie said.

Melanie: _____

_____ :

„Kommen Sie herein und schließen
Sie die Tür!"

_____

_____ :

„Gehen Sie zum Schrank!"

_____

_____ :

„Öffnen Sie die Tür!"

_____ ,

Als ich die Tür schloß, sagte sie:

Als ich in den Raum kam, sagte eine Stimme:

Als ich zum Schrank kam, sagte sie:

Als ich die Tür öffnete,

da ☐ war da ein Mann.
   ☐ war da ein Tonbandgerät.
   ☐ lachte diese Rüstung.

die Rüstung   *suit of armor*

Ich schloß die Tür.

Als ich die Tür schloß, sagte der Geist ...

Ich kam zum Schrank.

Als ich zum Schrank kam, sagte der Geist ...

cf. p. 164 ►

19

8 *Anna and Jürgen are at a village fete.*
Give your opinion on the following questions and statements.

1. Wie finden Sie die Musik?

   ☐   Ziemlich laut.

   ☐   Etwas zu laut.

   ☐   Viel zu laut.

   laut   *loud*

2. Jürgen und Anna feiern zusammen,
   aber Jürgen bestellt nur <u>einen</u> Wein.
   Wie finden Sie das?

   ☐   Richtig.

   ☐   Etwas zu modern.

   ☐   Nicht gut.

   feiern   *to celebrate*

3. Anna tanzt mit Stefan und nicht mit ihrem
   Freund Jürgen.

   ☐   Das ist normal.
        Anna und Jürgen sind nicht verheiratet.

   ☐   Das ist modern.

   ☐   Das ist nicht gut.

   tanzen   *to dance*

4. Jürgen und Anna sind wieder zusammen.

☐　Das freut mich.

☐　Das ärgert mich.
　　Jürgen war nicht nett zu Anna.

wieder	again
nett	nice

Complete the dialog by forming sentences out of the parts of sentences listed below.

Jürgen:　Fräulein! Fräulein!

Susan:　Sie müssen ein bißchen lauter rufen!

　　　　Als _____, _____!

Jürgen:　Wo ist denn meine Freundin?

Kim:　　Die ist weg!

Jürgen:　Weg? Wann ist sie denn weggegangen?

Kim:　　Als _____,

　　　　_____!

sofort　　　kommen　　　sie　　　ich　　　rufen

ich　　　zurückkommen　　　sie　　　weg sein

sofort	right away
weg	away
weggehen	to leave, to go away

Glossary and Key

1 Melanie: Ihre Haare sind ziemlich lang.   *Your hair is quite long.*
    Max: Ja, schon.   *Yes, I know,*
    Aber schneiden Sie die Haare nur etwas kürzer.   *but just take a little bit off.*
    Melanie: Gut, nur etwas.   *All right, just a bit.*
    Wollen Sie fernsehen?   *Would you like to watch TV?*
    Max: Oh ja, gern.   *Oh yes, that would be nice.*
    Max: Meine Haare sind viel zu kurz!   *Hey, my hair is much too short!*
    Das ist häßlich!   *It looks terrible!*
    Melanie: Das finde ich gar nicht.   *I don't think so.*
    Das ist modern. Kurz ist jetzt modern.   *It's modern. Short hair is fashionable these days.*

2 Max: Beruhigen Sie sich doch!   *Calm down now.*
    Was ist denn passiert?   *What happened?*
    Melanie: Um 11 Uhr ging ich ins Bett.   *I went to bed at 11 o'clock.*
    Max: Um 11 Uhr gingen Sie ins Bett.   *You went to bed at 11 o'clock.*
    Melanie: Ich schlief sofort ein.   *I fell asleep right away.*
    Max: Sie schliefen sofort ein.   *You fell asleep right away.*
    Melanie: Ich hörte ein Geräusch.   *I heard a noise.*
    Und dann …   *And then …*
    Da! Da! Hören Sie!   *There, there! Listen!*
    Da ist es wieder! …   *There it is again …*

Sie schlief sofort ein und hörte dann ein Geräusch.

3 Sie hörte das Geräusch wieder.

4 Melanie <u>ging</u> ins Bett / <u>schlief</u> sofort <u>ein</u> / <u>hörte</u> ein Geräusch.

5 ein Tonbandgerät

6 Sie <u>schloß</u> die Tür. Sie <u>ging</u> zum Schrank. Sie <u>öffnete</u> die Tür.

7 Melanie:
Als ich in den Raum kam, sagte eine Stimme: *When I went into the room, a voice said:*
„Kommen Sie herein und schließen Sie die Tür!"   *"Come in and close the door."*
Als ich die Tür schloß, sagte sie: *When I closed the door, a voice said:*
„Gehen Sie zum Schrank!"   *"Go to the cupboard."*
Als ich zum Schrank kam, sagte sie: *When I got to the cupboard, it said:*
„Öffnen Sie die Tür!"   *"Open the door."*
Und als ich die Tür öffnete,   *And when I opened the door,*
da lachte diese Rüstung.   *this suit of armor laughed at me.*

9 Als ich rief, kam sie sofort!
Als ich zurückkam, war sie weg!

Wenn Sie im Frühling reisen

Amelie would like to go on a trip. She asks Max, her travel agent, for some information. What information does he give her about the various seasons in Germany?

Match up the information, the pictures and the seasons.

Schnee	fallende Blätter	blühende Bäume

Season	Picture Number	
Frühling		
Sommer		*blühende Blumen*
Herbst		
Winter		

Complete the dialog.

Amelie: Ich möchte reisen.

Max: Und wohin?

Amelie: Wo es schön ist.

Max: Dann warten Sie, bis es Frühling ist.

    Wenn _____, haben Sie blühende Bäume.

Amelie: Nur blühende Bäume?

Max: Dann warten Sie, bis es Sommer ist.

    Wenn _____, haben Sie blühende Blumen.

Amelie: Nur blühende Blumen?

Max: Dann warten Sie doch, bis es Herbst ist.

    Wenn _____, haben Sie fallende Blätter.

Amelie: Nur fallende Blätter?

Max: Dann warten Sie doch, bis es Winter ist.

    Wenn _____, haben Sie Schnee!

...Sie im Herbst fahren...

...Sie im Sommer fahren...

...Sie im Frühling reisen...

...Sie im Winter reisen...

Sie fahren im Frühling: **Sie haben blühende Bäume.**

Wenn Sie im Frühling fahren, haben Sie blühende Bäume.

20

3 *It's cheaper if you take more.*
Fill in the cheaper offers.

- ○ Was kostet die Reise?
- △ 1 Woche – 450,– DM.

  Aber wenn Sie 14 Tage fahren, kostet es nur 650,– DM.

1. ○ Was kosten die Hemden?
   △ 1 Hemd – 35,90 DM.

   Aber _____.

2. ○ Was kostet 1 Foto?
   △ 1 Foto – 0,85 DM.

   Aber _____.

3. ○ Was kostet der Wein?
   △ 1 Flasche – 6,20 DM.

   Aber _____.

4. ○ Was kosten die Äpfel?
   △ 3 Mark das Kilo.

   Aber _____.

5. ○ Was kostet die Fahrt nach Weilheim?
   △ Einfach 11,80 DM.

   Aber _____.

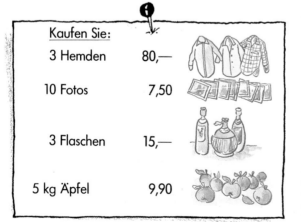

Kaufen Sie:	
3 Hemden	80,—
10 Fotos	7,50
3 Flaschen	15,—
5 kg Äpfel	9,90

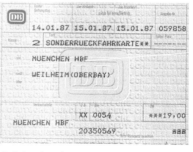

die Fahrt, die Fahrten	trip
die Flasche, die Flaschen	bottle
die Reise, die Reisen	journey
die Rückfahrkarte, die Rückfahrkarten	return ticket
einfach	single, one-way

Amelie has been invited to Max's. She would like to help him in the kitchen, but in Max's place everything is done automatically ...

Amelie:	Kann ich die Tür zumachen?
Max:	Das ist nicht nötig.
	Die wird zugemacht.
Amelie:	Na so was!
	Darf ich die Fenster schließen?
Max:	Das ist nicht nötig.
	Die Fenster werden geschlossen.
Amelie:	Ich koche Kaffee.
Max:	Das ist nicht nötig.
	Der Kaffee wird gemacht.
Amelie:	Dann hole ich den Kaffee.
Max:	Das ist nicht nötig.
	Der Kaffee wird von Roby gebracht.
Amelie:	Na so was!

Look at the text and underline the things that get done automatically. Write down what Amelie would like to do and what gets done for her.

Was möchte Amelie machen?	Was wird für sie gemacht?
1. *Sie möchte*	
2.	
3.	
4.	

Wer ist „Roby"?

☐ ein Freund von Amelie ☐ ein Roboter ☐ eine Kaffeemaschine.

Ich mache Kaffee.

Der Kaffee <u>wird</u> <u>gemacht</u>.

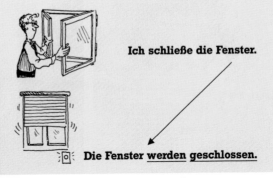

Ich schließe die Fenster.

Die Fenster <u>werden</u> <u>geschlossen</u>.

cf. p. 168

20

Heidi and Wolfgang want to go to the Baltic sea for their vacation. To earn some extra money they harvest hops in Holledau (Bavaria).

6 Which statements match up with the main themes in the film? *(Some of the statements fit two themes.)*

1 Ferien an der Ostsee:

State-
ments: | α | | | | |

2 Hopfenernte in der Holledau:

State-
ments: | | | | | |

3 Hopfen wird für's Bier gebraucht:

State-
ments: | | | | | |

a) "Urlaub an der Ostsee ist für uns zu teuer!"

b) "Hopfen macht das Bier haltbar und gibt ihm Aroma."

c) "Ich brauche tüchtige Helfer für die Hopfenernte."

d) "Meine Frau möchte so gerne Ferien an der Ostsee machen."

e) "Wenn es eine gute Ernte gibt, gibt es auch ein gutes Bier!"

f) "Die Maschine macht alles automatisch."

g) "Hopfen muß Sonne haben, sonst gibt es kein gutes Bier!"

h) "Wenn wir noch einmal bei der Ernte helfen, dann haben wir das Geld zusammen."

Harvesting hops: What is done with the hops?
Put the sentences into the passive.

1. Hier schneidet die Maschine die Reben durch.

Die Reben *werden durchgeschnitten.*

2. Ein Gerät reißt die Reben oben ab.

Die Reben _____ oben _____

3. Die Helfer verteilen die Reben gleichmäßig auf dem Wagen.

Die Reben _____ von den Helfern

gleichmäßig auf dem Wagen _____

4. Die Maschine trennt die Hopfendolden ab.

Die Dolden _____ von den Reben

_____

5. Die Dolden müssen trocknen.

Die Dolden _____ _____

6. Der Hopfen lagert in Säcken.

Der Hopfen _____ _____

Infinitive	Past Participle
durchschneiden	durchgeschnitten
abreißen	abgerissen
verteilen	verteilt
abtrennen	abgetrennt
trocknen	getrocknet
lagern	gelagert

die Ostsee	Baltic sea
der Helfer, die Helfer	helper
haltbar machen	to preserve
tüchtig	hard-working
die Ernte, die Ernten	harvest
der Hopfen	hops
sonst	otherwise
die Rebe, die Reben	vine
durchschneiden	to cut off
abreißen	to tear off

oben	at the top
verteilen	to distribute
gleichmäßig	evenly
der Wagen, die Wagen	cart
abtrennen	to separate
die Dolde, die Dolden	cone
trocknen	to dry
lagern	to be stored
der Sack, die Säcke	sack

1

Frühling	Nr. 1	blühende Bäume
Sommer	Nr. 4	blühende Blumen
Herbst	Nr. 2	fallende Blätter
Winter	Nr. 3	Schnee

2

Amelie:	Ich möchte reisen.		I'd like to go on a trip.
Max:	Und wohin?		Where to?
Amelie:	Wo es schön ist.		To where it's nice.
Max:	Dann warten Sie, bis es Frühling ist.		Then wait till it's spring.
	Wenn Sie im Frühling reisen, haben Sie blühende Bäume.		If you go on a trip in spring, you'll have the trees in bloom.
Amelie:	Nur blühende Bäume?		The trees in bloom? Is that all?
Max:	Dann warten Sie, bis es Sommer ist.		Then wait till it's summer.
	Wenn Sie im Sommer fahren, haben Sie blühende Blumen.		If you go on a trip in summer, the flowers will be in bloom.
Amelie:	Nur blühende Blumen?		The flowers in bloom? Is that all?
Max:	Dann warten Sie doch, bis es Herbst ist.		Then why don't you wait till it's autumn?
	Wenn Sie im Herbst fahren, haben Sie fallende Blätter.		If you go in autumn, you'll have the leaves falling from the trees.
Amelie:	Nur fallende Blätter?		The leaves falling from the trees? Is that all?
Max:	Dann warten Sie doch, bis es Winter ist.		Then why don't you wait till winter?
	Wenn Sie im Winter reisen, haben Sie Schnee!		If you go in winter, you'll have snow!

3
1. Aber wenn Sie 3 Hemden nehmen, kostet es nur 80,– DM.
2. Aber wenn Sie 10 Fotos nehmen, kostet es nur 7,50 DM.
3. Aber wenn Sie 3 Flaschen nehmen, kostet es nur 15,– DM.
4. Aber wenn Sie 5 kg Äpfel nehmen, kostet es nur 9,90 DM.
5. Aber wenn Sie eine Rückfahrkarte nehmen, kostet es nur 19,– DM.

4

Amelie:	Kann ich die Tür zumachen?	Can I close the door?
Max:	Das ist nicht nötig.	You don't have to.
	Die <u>wird zugemacht</u>.	The door <u>gets closed</u>.
Amelie:	Na so was!	I don't believe it!
	Darf ich die Fenster schließen?	Can I close the windows?
Max:	Das ist nicht nötig.	You don't have to.
	Die Fenster <u>werden geschlossen</u>.	The windows <u>get closed</u>.
Amelie:	Ich koche Kaffee.	I'll make some coffee.
Max:	Das ist nicht nötig.	You don't have to.
	Der Kaffee <u>wird gemacht</u>.	The coffee <u>gets made</u>.
Amelie:	Dann hole ich den Kaffee.	Then I'll get the coffee.
Max:	Das ist nicht nötig.	You don't have to.
	Der Kaffee <u>wird von Roby gebracht</u>.	The coffee <u>gets brought in by Roby</u>.
Amelie:	Na so was!	I don't believe it!

1 Sie möchte die Tür zumachen.	Die Tür wird zugemacht.
2 Sie möchte die Fenster schließen.	Die Fenster werden geschlossen.
3 Sie möchte Kaffee kochen.	Der Kaffee wird gekocht.
4 Sie möchte den Kaffee holen.	Der Kaffee wird von Roby gebracht.

5 Ein Roboter.

6 1. a, d, h,
2. c, e, f (h)
3. b, g (e)

7
1 ... werden durchgeschnitten.
2 ... werden abgerissen.
3 ... werden verteilt.
4 ... werden abgetrennt.
5 ... werden getrocknet.
6 ... wird gelagert.

Max has bought a "versatile" household appliance and would like to show Amelie how it works …

Max:	Schau Amelie!
	Das Gerät hier ist ein Fernseher, eine Waschmaschine und eine Stereoanlage!
	Möchtest du fernsehen?
Amelie:	Was muß ich denn da machen?
Max:	Du brauchst nur auf diesen Knopf zu drücken.
Amelie:	Ah so! – Aber ich möchte eine Waschmaschine. Was muß ich da machen?
Max:	Dann brauchst du nur diesen Knopf zu drücken.
Amelie:	Aha! Und die Stereoanlage? Was muß ich da machen?
Max:	Ja … Moment, Amelie, …

Und was sagte Max dann?

☐ a) „Jetzt mußt du diesen Knopf drücken!"
☐ b) „Halt! Nein! Nicht auf den roten Knopf drücken!"
☐ c) „Du brauchst gar nichts zu machen."

Warum konnte Amelie keine Musik hören?

☐ a) Weil sie waschen wollte.
☐ b) Weil das Gerät nicht funktionierte.
☐ c) Weil das Gerät explodierte.

Max is showing Amelie a fancy car. He raves on about the car's special features, but it doesn't seem to want to work properly ...

Max: Dieser Scheibenwischer ist sehr praktisch. Sie müssen nur den Knopf drehen.
Amelie: Aber er funktioniert nicht. Können Sie mir sagen, warum er nicht funktioniert?
Max: Ich habe keine Ahnung.
Max: Aber das Dach kann man öffnen. Sie brauchen nur diesen Knopf zu drücken.
Amelie: Aber das Dach öffnet sich nicht! Wissen Sie, warum es sich nicht öffnet?
Max: Nein! Ich weiß es nicht.
Amelie: Haben Sie eine Ahnung, warum das Auto nicht anspringt?
Max: Ich verstehe nicht, warum nichts funktioniert. Aber jetzt möchte ich wissen, warum nichts funktioniert!

3 **Amelie and Max find out that:**

1. Der Scheibenwischer _____

2. Das Dach _____

3. Das Auto _____

4. Nichts _____

springt nicht an.

funktioniert.

öffnet sich nicht.

funktioniert nicht

4 **Amelie would like Max to tell her why nothing works. How does she begin her question? Look back at the text and complete her questions.**

1. _____, warum der Scheibenwischer _____

2. _____, warum das Dach _____

3. _____, warum das Auto _____

Max has no idea why nothing works.
How does he say that he doesn't know?

Ich habe _____

Ich _____

Ich _____

Direct question:	**Warum <u>funktioniert</u> der Scheibenwischer nicht?**
Indirect question:	**Können Sie mir sagen** **Wissen Sie** **Haben Sie eine Ahnung** **...** **, warum der Scheibenwischer nicht <u>funktioniert</u>?**

Now you play the role of Amelie and ask "indirect" questions.

Wo ist der Autoschlüssel?   Wann muß das Auto zum TÜV?*   Wieviel Benzin braucht es?

Warum springt der Motor nicht an?   Was kostet das Auto?

Wie kann ich das Dach öffnen?   Wie schnell fährt das Auto?

Wissen Sie, wann das Auto zum TÜV muß?
Haben Sie _____

_____

_____

* TÜV = Technical Inspection Authority

In the Federal Republic of Germany cars are subject to a technical inspection every two years.

7 *Petra Stagge is very forgetful. She has a package for her friend Beate which she wants to take to the post office, but she keeps leaving it behind. However, the package keeps finding its way back to her.*
Look at the different parts of the dialog below and put them into the right order. To make things a bit easier for you, we've given you the first part of the dialog.

At the phone booth

```
Uwe Breitner:  Hallo, ist das Ihr Paket?
               Möchten Sie es nicht mitnehmen?
Petra:         Oh danke! Ich möchte wissen,
               warum ich immer alles vergesse!
```

a) In front of Petra's house

```
Petra:         Ja? Wer ist da?
Uwe Breitner:  Ihr Paket!
Petra:         Ach du liebe Güte! Ich habe es wieder vergessen!
               Bitte, kommen Sie doch hoch ... 2. Stock rechts ...
```

b) At the beach

```
Beate:         Petra! Wo kommst du denn her?
Petra:         Heute bin ich Postbote, und das ist mein Chauffeur!
Beate:         So schnell habe ich noch nie ein Paket bekommen!
```

c) In Petra's living room

```
Uwe Breitner:  Wollen wir Postboten spielen?
Petra:         Ich verstehe nicht.
Uwe Breitner:  Nun, wir bringen das Paket selbst nach St. Peter-Ording!
```

d) In the post office

```
Mann:          Hallo Sie! Da drüben liegt wieder das Paket.
               Die Dame hat es noch mal vergessen!
Uwe Breitner:  Tatsächlich!
```

1	2	3	4

das Paket, die Pakete	*package, parcel*	tatsächlich	*that's right*
vergessen	*to forget*	Ach du liebe Güte!	*oh, my goodness!*
da drüben	*over there*	hoch (hoch kommen)	*up (to come up)*
liegen	*to lie*	2. Stock	*2nd (US 3rd) floor*

der Postbote, die Postboten	*mail carrier*
verstehen	*to understand*
wir ... selbst	*ourselves*
schnell	*quickly*

132

An elderly gentleman is having problems using the phone. Uwe B. gives him a hand and tells him how to use the phone. Now you play the role of Uwe B.

Instructions

Uwe Breitner sagt:

- Hörer abnehmen!

"Sie brauchen nur den Hörer abzunehmen."

- Geld hineinwerfen!

"Sie müssen das Geld hineinwerfen."

- Ortsgespräch: 20 Pfennige einwerfen!

"Sie brauchen nur 20 Pfennig einzuwerfen."

- Nummer wählen!

"Sie müssen die Nummer wählen."

- Sprechen!

"Dann müssen Sie sprechen."

Mann: Können Sie mir sagen, warum der Apparat nicht funktioniert?

Uwe Breitner: Der Apparat funktioniert schon!

Schauen Sie! Sie _____ nur _____ _____

_____ .

Dann _____ Sie _____ _____

_____ .

Mann: Ja!

Uwe Breitner: Für ein Ortsgespräch _____ Sie nur _____

_____ _____ .

Mann: Hier, bitte!

Uwe Breitner: So, und jetzt _____ Sie die Nummer _____

und dann _____ .

Mann: Vielen Dank!

Match up the instructions with the appropriate symbols.

1. Geld einwerfen!   2. Sprechen!   3. Hörer abnehmen!   4. Nummer wählen!

a)

b)
Minimum DM 0,20

c)

d)

a	b	c	d

der Hörer	receiver	das Ortsgespräch	local call
abnehmen	to lift	wählen	to dial
das Geld	money	der Pfennig, die Pfennige	pfennig, penny
hineinwerfen	to insert	die Nummer, die Nummern	number
(einwerfen)			

Glossary and Key

1 Max: Schau Amelie! — *Look Amelie.*
Das Gerät hier ist ein Fernseher, — *This machine is a TV,*
eine Waschmaschine und eine Stereoanlage! — *a washing machine and a stereo all in one.*
Möchtest du fernsehen? — *Would you like to watch TV?*
Amelie: Was muß ich denn da machen? — *What do I have to do for that?*
Max: Du brauchst nur auf diesen Knopf zu drücken. — *All you have to do is press this button.*
Amelie: Ah so! – Aber ich möchte eine Waschmaschine. — *I see. – But I'd like a washing machine.*
Was muß ich da machen? — *What do I have to do for that?*
Max: Dann brauchst du nur diesen Knopf zu drücken. — *In that case you just have to press this button.*
Amelie: Aha! Und die Stereoanlage? — *Ah. And the stereo?*
Was muß ich da machen? — *What do I have to do there?*
Max: Ja ... Moment, Amelie, ... — *Well ... Just a moment, Amelie ...*

b) Halt! Nein! Nicht auf den roten Knopf drücken! — *Stop! No! Don't push the red button.*

2 c)

3 Max: Dieser Scheibenwischer ist sehr praktisch. — *This windshield wiper is very practical.*
Sie müssen nur den Knopf drehen. — *All you have to do is turn this knob.*
Amelie: Aber er funktioniert nicht. — *But it doesn't work.*
Können Sie mir sagen, warum er nicht — *Can you tell me why it doesn't work?*
funktioniert?
Max: Ich habe keine Ahnung. — *I have no idea.*
Max: Aber das Dach kann man öffnen. — *But you can open the roof.*
Sie brauchen nur diesen Knopf zu drücken. — *All you have to do is press this button.*
Amelie: Aber das Dach öffnet sich nicht! — *But the roof won't open!*
Wissen Sie, warum es sich nicht öffnet? — *Do you know why it won't open?*
Max: Nein! Ich weiß es nicht. — *No. I don't know why.*
Amelie: Haben Sie eine Ahnung, warum das Auto — *Do you have any idea why the car won't start?*
nicht anspringt?
Max: Ich verstehe nicht, warum nichts funktioniert. — *I don't understand why nothing works.*
Aber jetzt möchte ich wissen, warum nichts — *But now I'd like to know why nothing works.*
funktioniert!

1. Der Scheibenwischer funktioniert nicht.
2. Das Dach öffnet sich nicht.
3. Das Auto springt nicht an.
4. Nichts funktioniert.

4 1. Können Sie mir sagen, warum der Scheibenwischer nicht funktioniert?
2. Wissen Sie, warum das Dach sich nicht öffnet?
3. Haben Sie eine Ahnung, warum das Auto nicht anspringt?

5 Ich habe keine Ahnung, warum ...
Ich weiß es nicht.
Ich verstehe nicht, warum ...

6 z. B. Haben Sie eine Ahnung, ⌉ wieviel Benzin es braucht?
Wissen Sie, ⎬ wie ich das Dach öffnen kann?
Können Sie mir sagen, ⌋ was das Auto kostet?
........, wie schnell es fährt?
........, wo der Autoschlüssel ist?
........, warum der Motor nicht anspringt?

7

1	2	3	4
d	a	c	b

8 Sie müssen nur den Hörer abnehmen.
Dann müssen Sie (das) Geld hineinwerfen.
Für ein Ortsgespräch brauchen Sie nur 20 Pfennig einzuwerfen.
So, und jetzt müssen Sie die Nummer wählen und dann sprechen.

9

3	1	4	2
a	b	c	d

Wir können erst nächstes Jahr heiraten

Shopping, Max meets his friend Bernd ...

Max:	Hallo, Bernd! Du hast es so eilig!
Bernd:	Ja, ich gehe zu meiner neuen Freundin! Und du?
Max:	Ich gehe auch zu meiner Freundin.
Bernd:	So. Was hast du denn in deiner großen Tüte?
Max:	Eine karierte Jacke und einen karierten Rock.
Bernd:	Kariert?
Max:	Ja! – Meine Freundin trägt nur karierte Sachen.
Bernd:	Meine Freundin auch! – Nur karierte Sachen!!
Max:	Das ist ja komisch! Und was hast du in deiner Tüte?
Bernd:	Einen karierten Hut.
Max:	Sag mal, wie sieht deine Freundin denn aus?
Bernd:	Ja – sie hat lange Beine, dunkle Haare und dunkle Augen ...
Max:	Aber das ist ja Amelie – meine Freundin!!

Which statements are true?

☐ Bernd hat keine Zeit.   ☐ Max hat eine neue Freundin.

☐ Max wartet auf Bernd.   ☐ Bernd hat eine neue Freundin.

What is in the two bags? Draw or describe the contents.

What can you say about Amelie now?

Amelie trägt _____ _____ _____.

Amelie hat _____ _____, _____ _____

und _____ _____.

Amelie ist _____ _____ von Max und von _____.

④ **Describe your boyfriend/girlfriend.**

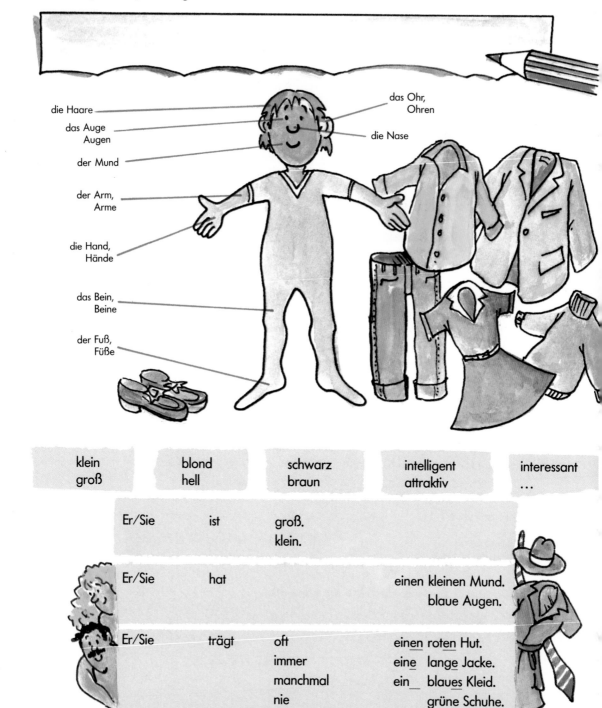

die Haare

das Auge
Augen

der Mund

der Arm,
Arme

die Hand,
Hände

das Bein,
Beine

der Fuß,
Füße

das Ohr,
Ohren

die Nase

klein	blond	schwarz	intelligent	interessant
groß	hell	braun	attraktiv	...

Er/Sie	ist	groß.	
		klein.	

Er/Sie	hat		einen kleinen Mund.
			blaue Augen.

Er/Sie	trägt	oft	einen roten Hut.
		immer	eine lange Jacke.
		manchmal	ein blaues Kleid.
		nie	grüne Schuhe.
		gern	
		am liebsten	

136

am liebsten tragen   *to like to wear ... best*

cf. p. 96

Max and Amelie had actually intended to get married today, but Amelie's wedding present – a woolen scarf – isn't finished yet. Max is getting nervous. When will the big day finally be?

30. JUNI

Max: Wann heiraten wir, Amelie?

Amelie: Nächste Woche, am 8. Juli. Dann ist der Schal fertig!

8. JULI

Max: Amelie, wir wollten doch heute heiraten!

Amelie: Es geht nicht Max! Der Schal ist erst nächsten Monat fertig.

Max: Amelie! Wann heiraten wir??

Amelie: Nächsten Monat, Max. Im August!

10. AUGUST

Max: Oh nein! Der Schal ist immer noch nicht fertig!

Amelie: Tut mir leid, Max. Der Schal ist erst nächstes Jahr fertig.

Max: Was? Erst nächstes Jahr!!

Amelie: Ja! Nächstes Jahr können wir heiraten!

> **nicht heute   – erst morgen!**
> **nicht morgen – erst nächste Woche!**

What does Amelie say on what date about when she intends to marry Max?

30. Juni	8. Juli	10. August

The Months of the Year		The Days of the Week
Januar	Juli	Montag
Februar	August	Dienstag
März	September	Mittwoch
April	Oktober	Donnerstag
Mai	November	Freitag
Juni	Dezember	Samstag
		Sonntag

wann?	um 7 Uhr	am Montag	im Januar	
	um halb acht	am Dienstag	im Februar	— 1987
		am Vierzehnten		— 1988
			im Sommer	
			im Herbst	

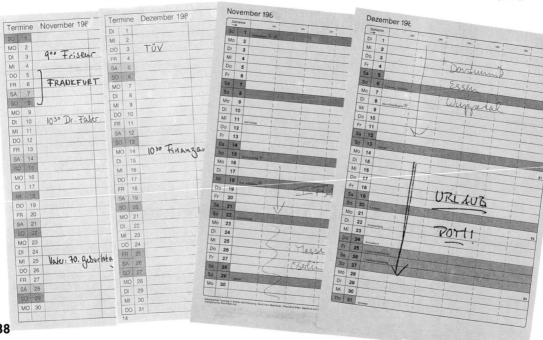

ill in the prepositions to complete the times and dates in the following conversation.

◌ rrrrrrrrrrrr

△ Hübner – Interbau. Guten Tag!

◌ Hallo, Herr Hübner. Wir wollten uns doch

_____November noch treffen …

△ Ja! – Nur wann?

◌ Moment, ich sehe mal in meinen Kalender.

△ Ich könnte _____ nächsten Donnerstag …

◌ Hm … _____ Fünften bin ich leider in Frankfurt.
Aber wie wäre es denn nächste Woche?

△ Ja, da könnte ich _____ Dienstag

_____ zehn …

◌ _____ Dienstag? – Da habe ich einen Termin beim Arzt.
Ja – und dann mache ich Urlaub …
Wie wäre es denn nach dem 23. November?

△ Tut mir leid. Da bin ich auf der Messe.

_____ Herbst habe ich immer wenig Zeit.

◌ Hm … dann geht es _____ November nicht mehr …

△ Ja, leider. Aber wie wär's _____ Dezember?

◌ Könnten Sie denn _____ Vierzehnten?

△ Ja, ich glaube … Wann denn? _____ zehn Uhr?

◌ Oh, ich sehe gerade: _____ halb elf muß ich zum Finanzamt.

△ Wie dumm! Und _____ Fünfzehnten fahre ich in Urlaub.

◌ Ja, dann kommen auch schon die Feiertage. Ich glaube, wir treffen uns erst

_____ nächsten Jahr …

△ Ja, leider. Dann rufe ich Sie _____ Januar an. Ich wünsche Ihnen schon jetzt ein glückliches neues Jahr!

◌ Danke – auch Ihnen! Wiederhören!

sich treffen	to meet	(Auf) Wiederhören!	Bye! (on the phone)
ich sehe gerade	I've just noticed	die Messe, die Messen	exhibition, trade fair
das Finanzamt	tax office	Wie dumm!	Too bad!
der Feiertag, die Feiertage	(public) holiday	anrufen	to call

Clemens and his friends Robert and Philipp work "underground" in a mine in the Ruhr area. But today is a special day.

Philipp: Sag mal, Clemens, was spendierst
du denn heute nach der Schicht?

Clemens: Ich? Wieso?

Robert: Na hör mal! Du hast doch
heute Geburtstag!

Clemens: Na und?

Philipp: Na und?! - Du bist jetzt 18.
Das heißt, du bist volljährig.

Robert: Das muß doch gefeiert werden!

Clemens: Dafür habe ich kein Geld.
Ich will mir ein kleines Motorrad
kaufen.

Philipp: Ach komm: Clemens!
Du bist ja nur geizig.

7 Which statement is true?

a) ☐ Clemens will seinen Freunden
etwas spendieren.

b) ☐ Er wird heute 18.

c) ☐ Clemens hat kein Geld.

Clemens, his friends and the other miners meet during the break ...

Clemens: Was ist los? Warum eßt ihr nicht?

Robert: Du mußt ihnen etwas spendieren!

Clemens: Ich habe nichts!

Philipp: Macht nichts. Wir haben etwas
für dich besorgt. Hier: Getränke,
Süßigkeiten, Brötchen, Schinken -
und die Torte!

Robert: Nächste Woche bekommst du
die Rechnung.

Which statement is true?

d) ☐ Clemens hat keinen Hunger.

e) ☐ Die Freunde haben zu essen und
zu trinken besorgt.

f) ☐ Clemens bezahlt die Rechnung.

spendieren	*to buy, to treat s.o. to sth.*	das muß gefeiert werden	*that calls for a celebration*
die Schicht	*shift*		
der Geburtstag	*birthday*	geizig	*stingy*
volljährig	*of age*	besorgen	*to get*
das heißt	*that means*	Süßigkeiten	*candy*

And how did the story end?

Which statement is true?

a) ☐ Die Kumpel haben die Getränke
bezahlt. Clemens bezahlt nur das Essen.
b) ☐ Nächste Woche bekommt Clemens die
Rechnung.
☐ Die Kumpels haben Clemens zum
Geburtstag alles bezahlt.

Do you think

☐ Clemens behaved properly?
☐ the other miners behaved properly?
☐ you always have to buy the others
something when it's your birthday?
☐ work "underground" is interesting?

Philipp: Komm, iß, Clemens! Du hast doch
heute Geburtstag, du wirst voll-
jährig. Das feiern wir jetzt!
Clemens: Wann kommt die Rechnung?
Robert: Nächste Woche.
Philipp: So, jetzt sagen wir es ihm:
Also Clemens, wir haben alles
bezahlt. Das ist unser Geburts-
tagsgeschenk für dich.
Clemens: Danke!
Philipp: Auf dein Wohl, Clemens! Auf ein
schönes neues Lebensjahr!

A coal mine in the Ruhr area

das Brötchen, die Brötchen	roll
der Schinken	ham
die Torte, die Torten	cake
die Rechnung, die Rechnungen	bill
bezahlen	to pay (for)
Auf dein Wohl!	here's to you!
der Kumpel, die Kumpels	miner

1 Max: Hallo, Bernd!   Hi, Bernd.
      Du hast es so eilig!   Hey, you're in a hurry.
   Bernd: Ja, ich gehe zu meiner neuen Freundin!   Yes, I'm going to see my new girlfriend.
      Und du?   How about you?
   Max: Ich gehe auch zu meiner Freundin.   I'm going to see my girlfriend, too.
   Bernd: So. Was hast du denn in deiner großen Tüte?   Really? What do you have in that big bag?
   Max: Eine karierte Jacke und einen karierten Rock.   A checkered jacket and a checkered skirt.
   Bernd: Kariert?   Checkered?
   Max: Ja! – Meine Freundin trägt nur karierte Sachen.   Yes. My girlfriend only wears checkered things.
   Bernd: Meine Freundin auch! – Nur karierte Sachen!!   My girlfriend too! – Only checkered things!
   Max: Das ist ja komisch! Und was hast du in deiner Tüte?   That's funny. And what do you have in your bag?
   Bernd: Einen karierten Hut.   A checkered hat.
   Max: Sag mal, wie sieht deine Freundin denn aus?   Listen, what does your girlfriend look like?
   Bernd: Ja – sie hat lange Beine, dunkle Haare   Well, she's got long legs, dark hair
      und dunkle Augen …   and dark eyes …
   Max: Aber das ist ja Amelie – meine Freundin!   But that's Amelie – my girlfriend!

– Bernd hat keine Zeit.   – Bernd hat eine neue Freundin.

2 eine karierte Jacke, ein karierter Rock – ein karierter Hut

3 Amelie trägt nur karierte Sachen.
Amelie hat lange Beine, dunkle Haare und dunkle Augen.
Amelie ist die Freundin von Max und von Bernd.

5 Max: Wann heiraten wir, Amelie?   *When are we going to get married, Amelie?*
   Amelie: Nächste Woche, am 8. Juli.   *Next week, on the eighth of July.*
      Dann ist der Schal fertig.   *The scarf will be finished by then.*
      …   …
   Max: Amelie, wir wollten doch heute heiraten!   *Amelie, we were going to get married today, weren't we?*
   Amelie: Es geht nicht Max!   *We can't, Max.*
      Der Schal ist erst nächsten Monat fertig.   *The scarf won't be finished till next month.*
   Max: Amelie! Wann heiraten wir?   *Amelie! When are we going to get married?*
   Amelie: Nächsten Monat, Max. Im August.   *Next month, Max. We'll get married in August.*
      …   …
   Max: Oh nein! Der Schal ist immer noch nicht fertig.   *Oh no! The scarf is still not finished.*
   Amelie: Tut mir leid, Max. Der Schal ist erst   *I'm sorry, Max. The scarf won't be finished till*
      nächstes Jahr fertig.   *next year.*
   Max: Was? – Erst nächstes Jahr?   *What? Next year?*
   Amelie: Ja. Nächstes Jahr können wir heiraten.   *Yes. We can get married next year.*

30. Juni	8. Juli	10. August
Nächste Woche	Nächsten Monat	erst nächstes Jahr
am 8. Juli	Im August	– –

6 ○ im November   △ am nächsten Donnerstag
    am Fünften   am Dienstag um zehn
    Am Dienstag   Im Herbst
    im November   im Dezember
    am Vierzehnten   Um zehn Uhr
    um halb elf   am Fünfzehnten
    im nächsten Jahr   im Januar

7 b / e / i

Max and Amelie want to go to Switzerland. They're in for a surprise at the border ...

Grenzbeamter:	Ihre Pässe bitte!
Max:	Ja, hier.
Beamter:	Ihr Paß ist ungültig!
Max:	Was?
Amelie:	Seit wann ist er abgelaufen?
Beamter:	Seit dem 10. Mai 87.
Max:	Und der wievielte ist heute?
Beamter:	Der 1. Februar 88!
Max:	Nun können wir nicht über die Grenze.

Match up the questions with the appropriate answers.

1. Bis wann war der Paß gültig?
2. Welcher Tag ist heute?
3. Seit wieviel Monaten ist der Paß ungültig?

1	2	3

a) Der 1. Februar   b) Bis zum 10. Mai 1987   c) Seit 9 Monaten

---

* ungültig = nicht gültig
Like English adjectives, German adjectives often form their opposites by adding the prefix un-: *gemütlich – ungemütlich. In German this also works with some nouns:* Glück – Unglück *etc.*

23

Amelie and her friend Susanne want to take Max bicycling with them. But Max would prefer to watch soccer on TV. He pretends to be "ill", but Amelie and Susanne soon work out how to cure him with the help of a host of medicines ...

Amelie:	Ach, Max!	
Susanne:	Ach, er ist ja so krank!	
Amelie:	Max, davon mußt du zwei Tabletten nehmen.	
Max:	Wie oft?	
Amelie:	Dreimal pro Tag.	
Max:	Wie lange muß ich die nehmen?	
Amelie:	Eine Woche lang.	
Susanne:	Diese Tropfen mußt du viermal pro Tag nehmen.	
Max:	Wie oft?	
Susanne:	Viermal pro Tag. – Zwei Wochen lang!	
Amelie:	Und von diesen Pillen mußt du fünfmal pro Tag 2 Stück nehmen.	
Susanne:	Und diesen Saft mußt du einen Monat lang trinken.	
Amelie:	Und diese Pillen mußt du einmal pro Monat nehmen.	
Max:	Also gut! Ihr habt gewonnen! Eins zu null für euch! Jetzt fahren wir los!	

2 Carry out an "analysis": Which medicine? How much/how many? How often? For how long? Put the information from the text into the following grid.

Medikament	Wieviel?	Wie oft?	Wie lang?
1 *Tabletten*			
2			*2 Wochen lang*
3		*5x pro Tag*	
4			
5			

23

Oliver, Fabian and Christine have been allowed to use their parents' car for the first time – for a trip to Schaffhausen in Switzerland ...

3 Who said what in the situations given? Match up the statements with the situations.

1. *e*	Oliver, Fabian und Christine dürfen zum ersten Mal mit dem Auto in die Schweiz.	4.	Christine ist vom Rheinfall bei Schaffhausen begeistert.
2.	Sie kaufen in einem Geschäft in der Schweiz ein.	5.	Oliver sucht seine Brieftasche.
3.	Sie sprechen mit einem Motorradfahrer und seiner Freundin.	6.	Der Motorradfahrer bringt die Brieftasche ins Café.

a)
Christine:
"Ich könnte jedes Wochenende an den Rheinfall fahren!"

b)
Oliver:
"Oh danke! Dürfen wir Sie zu einem Kaffee einladen?"

c)
Motorradfahrer:
"An den Rheinfall fahren Sie? Dann müssen Sie auch auf die Burg gehen."

d)
Fabian:
"Die Brieftasche? Die wird Christine haben."

e)
Christine:
"Es ist das erste Mal, daß Papa uns das Auto gegeben hat."

f)
Oliver:
"Können wir auch mit deutschem Geld bezahlen?"

4 Can you remember?
Where did the three of them forget the wallet?

☐ an der Tankstelle
☐ im Geschäft in der Schweiz
☐ im Boot auf dem Rhein
☐ im Auto

das Wochenende	*weekend*	die Schweiz	*Switzerland*	die Brieftasche, die Brieftaschen	*wallet*
die Burg, die Burgen	*castle, fortress*	der Rheinfall	*Rhine Falls*	der Motorradfahrer	*motorcyclist*

Glossary and Key

1

Grenzbeamter:	Ihre Pässe bitte!	*Your passports, please.*
Max:	Ja, hier.	*Here they are.*
Beamter:	Ihr Paß ist ungültig!	*Your passport is invalid.*
Max:	Was?	*What?*
Amelie:	Seit wann ist er abgelaufen?	*When did it run out?*
Beamter:	Seit dem 10. Mai 1987.	*On May 10th, 1987.*
Max:	Und der wievielte ist heute?	*And what date is it today?*
Beamter:	Der 1. Februar 88!	*February 1st, 1988.*
Max:	Nun können wir nicht über die Grenze.	*Now we can't cross the border.*

1 b / 2 a / 3 c

2

Amelie:	Ach, Max!	*Oh, Max.*
Susanne:	Ach, er ist ja so krank!	*Oh yes, he's so ill.*
Amelie:	Max, davon mußt du zwei Tabletten nehmen.	*Max, you have to take two of these tablets.*
Max:	Wie oft?	*How often?*
Amelie:	Dreimal pro Tag.	*Three times a day.*
Max:	Wie lange muß ich die nehmen?	*How long do I have to take them for?*
Amelie:	Eine Woche lang.	*For a week.*
Susanne:	Diese Tropfen mußt du viermal pro Tag nehmen.	*You have to take these drops four times a day.*
Max:	Wie oft?	*How many times?*
Susanne:	Viermal pro Tag. – Zwei Wochen lang!	*Four times a day. – For two weeks.*
Amelie:	Und von diesen Pillen mußt du fünfmal pro Tag 2 Stück nehmen.	*And you have to take two of these pills five times a day.*
Susanne:	Und diesen Saft mußt du einen Monat lang trinken.	*And you have to take this mixture for a month.*
Amelie:	Und diese Pillen mußt du einmal pro Monat nehmen.	*And you have to take these pills once a month.*
Max:	Also gut! Ihr habt gewonnen! Eins zu null für euch! Jetzt fahren wir los.	*All right. You win. Chalk one up for you. Let's go.*

	Medikament	Wieviel?	Wie oft?	Wie lang?
1	Tabletten	2 Stück	3 x pro Tag	1 Woche lang
2	Tropfen		4 x pro Tag	2 Wochen lang
3	Pillen	2 Stück	5 x pro Tag	
4	Saft			1 Monat lang
5	Pillen		1 x pro Monat	

3 1 e / 2 f / 3 c / 4 a / 5 d / 6 b

4 im Geschäft in der Schweiz

Im Museum ißt man nicht

Max has invited Melanie to go to the museum with him. He'd like to look at paintings there. But Melanie has other interests ...

Max:	Im Museum macht man keine Musik!
Melanie:	Ich möchte aber Musik machen!
Max:	Das darf man hier aber nicht!
	Melanie, im Museum ißt man nicht!
Melanie:	Ich will aber einen Apfel essen!
Max:	Man darf hier aber nicht essen!
	(Max möchte Melanie küssen)
Melanie:	Im Museum küßt man nicht!

1 Was möchte Melanie im Museum machen?

Sie möchte a) _____

b) _____

Was möchte Max?

Er möchte c) _____

2 Was darf man in diesem Museum nicht machen?

a) Man darf keine _____

b) Man darf nicht _____

c) Man darf nicht _____

küssen	*to kiss*
man	*one, you*

Match up the signs with the appropriate captions.

a)

b)

c)

1. Arbeiten verboten!

2. Küssen verboten!

3. Essen verboten!

4. Schlafen verboten!

5. Musik hören verboten!

6. Fragen verboten!

7. Rauchen verboten!

d)

f)

e)

g)

1	2	3	4	5	6	7

**You can't understand why everything is prohibited.
Ask why. You can use direct or indirect questions.**

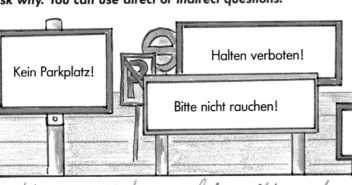

Kein Parkplatz!

Halten verboten!

Bitte nicht rauchen!

Nicht sprechen!

Autofahren verboten!

Warum darf man hier nicht parken?
Können Sie mir sagen, warum man hier nicht parken darf?

Amelie thinks about what she'd love to be ...

Amelie:	Ich wäre so gerne Tänzerin!
	Oder nein – ich wäre so gerne Artistin!
	Oder nein – ich wäre so gerne Astronautin!
	Wenn ich Astronautin wäre, dann hätte ich die ganze Welt unter mir!
	Ich hätte dann einen Fotoapparat und würde herrliche Bilder machen.
	Ach, wäre das schön!
Max:	Nein! Das wäre gar nicht schön!
Amelie:	Warum nicht?
Max:	Dann wärst du jetzt nicht hier.
	Dann wärst du im Weltall.

5 How does Max react to Amelie's dreams?

☐ Er freut sich darüber.

☐ Er ist nicht glücklich darüber.

☐ Er möchte mit Amelie ins Weltall fliegen.

cf. p. 168

Amelie isn't an astronaut. Nor does she have a camera. She imagines what it would be like if ...

Now it's your turn to do what Amelie did – let your imagination run free.

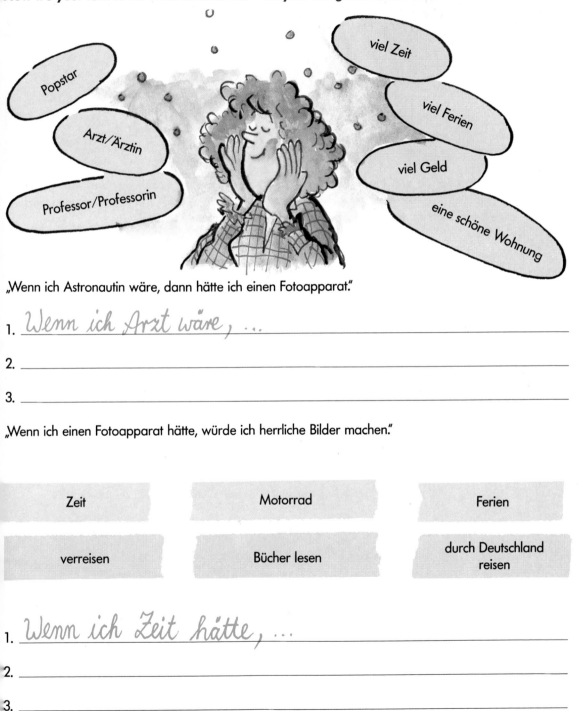

Popstar

Arzt/Ärztin

Professor/Professorin

viel Zeit

viel Ferien

viel Geld

eine schöne Wohnung

„Wenn ich Astronautin wäre, dann hätte ich einen Fotoapparat."

1. *Wenn ich Arzt wäre, ...*

2. _____

3. _____

„Wenn ich einen Fotoapparat hätte, würde ich herrliche Bilder machen."

Zeit	Motorrad	Ferien
verreisen	Bücher lesen	durch Deutschland reisen

1. *Wenn ich Zeit hätte, ...*

2. _____

3. _____

In the town of Königstein near Frankfurt am Main, a new mayor is being elected ...

 Look at the dialogs below and try to find answers to the following questions. Underline the appropriate parts of the text. Rüdiger Krein, one of the candidates for mayor, is taking a walk when he meets his brother, who is just reading an election poster ...

> *Albert Krein:* Du Rüdiger, was sind das für Arbeitsplätze?
>
> *Rüdiger Krein:* Ein Frankfurter will hier eine Hutfabrik bauen. Meine Partei ist für die Fabrik - die anderen Parteien sind dagegen.

a) What is to be built in Königstein?
b) What's the stand of Rüdiger's party on the plans?

Ariane Schlüter, the other candidate, is having a discussion with a man in the street.

> *Mann:* Aber es wäre doch schön, wenn wir eine Fabrik in Königstein hätten. Wir hätten dann endlich mehr Arbeitsplätze in unserer Stadt.
>
> *Ariane Schlüter:* Frankfurt ist nur 20 km von Königstein entfernt. Und da gibt es auch Arbeitsplätze! Königstein ist ein Kurort, und die Menschen wollen sich hier erholen!

c) What would the results of a new factory be?
d) What does Ariane Schlüter think that the people want in Königstein?

der Arbeitsplatz, die Arbeitsplätze	job	ist entfernt	is away
die Fabrik, die Fabriken	factory	der Kurort, die Kurorte	health resort, spa
die Partei, die Parteien	party	der Mensch, die Menschen	person
mehr	more	sich erholen	to have a rest

18-year-old Jens Weigert has just received a letter containing his voter's registration card ...

Vater Weigert:	Hier! Deine Wahlbenachrichtigung.
Jens Weigert:	Ah, ja!
Vater Weigert:	Du bist ja jetzt 18. Du kannst diesmal wählen.
Jens Weigert:	Klar, mach ich auch! Aber nicht deinen Kandidaten, sondern meine Kandidatin!

e) Why is Jens entitled to vote?
f) Is he going to use his vote?

Rüdiger Krein and his wife Jutta meet his opponent Ariane Schlüter at one of the party's information stands ...

Jutta Krein:	Hallo, Ariane!
Rüdiger Krein:	Schade, Ariane, daß du nicht "ja" zu mir sagst. Du wärst eine gute Parteifreundin.
Ariane Schlüter:	Nein, das wäre ich nicht, lieber Rüdiger! Ich will keine Fabrik in Königstein!

g) What does Rüdiger Krein think of Ariane Schlüter?
h) Why is Ariane Schlüter against Rüdiger Krein's politics?

The voting booths have closed, and the votes are now being counted ...

1. Helfer:	Spannend! Das ist ja ein Kopf-an-Kopf-Rennen!
2. Helfer:	Ich glaube, Rüdiger Krein gewinnt.
3. Helfer:	Und ich glaube, Ariane Schlüter gewinnt.

Who would you like to see become mayor? Vote for your favorite candidate.

a) Rüdiger Krein
b) Ariane Schlüter
c) keiner von beiden

die Wahlbenachrichtigung	voter's registration card	die Kandidatin, die Kandidatinnen	candidate (female)
		das Kopf-an-Kopf-Rennen	neck-and-neck race
wählen	to vote	gewinnen	to win
der Kandidat, die Kandidaten	candidate (male)		

1 Max: Im Museum macht man keine Musik! — You don't play music in a museum.
Melanie: Ich möchte aber Musik machen! — But I want to play music!
Max: Das darf man hier aber nicht! — Yes, but you're not allowed to here.
Melanie, im Museum ißt man nicht! — Melanie, you don't eat in a museum.
Melanie: Ich will aber einen Apfel essen! — But I want to have an apple.
Max: Man darf hier aber nicht essen! — Yes, but you're not allowed to eat in here.
(Max möchte Melanie küssen) — *(Max wants to give Melanie a kiss)*
Melanie: Im Museum küßt man nicht! — You don't kiss in a museum.

Sie möchte a) Musik machen
b) einen Apfel essen
Er möchte c) Melanie küssen

2 a) Man darf keine Musik machen.
b) Man darf nicht essen.
c) Man darf nicht küssen.

3

1	2	3	4	5	6	7
f	a	c	d	e	b	g

4 2. Warum darf man hier nicht halten?
Wissen Sie, warum man hier nicht halten darf?
3. Warum darf man hier nicht rauchen?
Können Sie mir sagen, warum man hier nicht rauchen darf?
4. Warum darf man hier nicht sprechen?
Haben Sie eine Ahnung, warum man hier nicht sprechen darf?
5. Warum darf man hier nicht Auto fahren?
Wissen Sie, warum man hier nicht Auto fahren darf?

5 Amelie: Ich wäre so gerne Tänzerin! — I'd love to be a dancer.
Oder nein – ich wäre so gerne Artistin! — No, ... I'd love to be an acrobat.
Oder nein – ich wäre so gerne Astronautin! — No, ... I'd love to be an astronaut.
Wenn ich Astronautin wäre, dann hätte ich — If I were an astronaut,
die ganze Welt unter mir! — I'd have the whole world down below me.
Ich hätte dann einen Fotoapparat und würde — Then I'd have a camera, and I'd take
herrliche Bilder machen. — beautiful pictures.
Ach, wäre das schön! — Oh, that would be wonderful!
Max: Nein! Das wäre gar nicht schön! — No. That wouldn't be wonderful at all.
Amelie: Warum nicht? — Why not?
Max: Dann wärst du jetzt nicht hier! — Because then you wouldn't be here.
Dann wärst du im Weltall. — Then you would be in outer space.

Max ist nicht glücklich darüber.

6 *Several constructions are possible.*
Here are some suggestions.

1 Wenn ich Arzt wäre, hätte ich eine schöne Wohnung.
2 Wenn ich Professorin wäre, hätte ich viel Ferien.
3 Wenn ich ein Popstar wäre, hätte ich viel Geld.

1 Wenn ich Zeit hätte, würde ich viele Bücher lesen.
2 Wenn ich ein Motorrad hätte, würde ich durch Deutschland reisen.
3 Wenn ich Ferien hätte, würde ich verreisen.

7 a) ... eine Hutfabrik
b) Meine Partei ist für die Fabrik –
c) ... mehr Arbeitsplätze in unserer Stadt
d) ... die Menschen wollen sich hier erholen
e) Du bist jetzt 18.
f) Klar, mach ich auch!
g) Du wärst eine gute Parteifreundin.
h) Ich will keine Fabrik in Königstein!

Max and Amelie have become filmstars. At the moment they are shooting a love story to end all love stories ...

Fill in the blanks.

Amelie: Oh Max, du bist der wundervollste
Mensch, den ich kenne.

Max: Und du bist die wundervollste Frau,

_____.

Amelie: Das ist das schönste Gesicht,

_____.

Max: Und das sind die schönsten Haare,

_____.

(Max runs his hand through Amelie's hair and makes her wig slip in the process)

Amelie: Du bist der nervöseste Schauspieler,

_____.

...die ich kenne.

...das ich kenne.

...die ich kenne.

...den ich kenne.

Kennst du	den Schauspieler?			
	die Schauspielerin?			
	das Buch?			

Das ist	der	beste Schauspieler,	den	ich kenne.
	die	beste Schauspielerin,	die	
	das	beste Buch,	das	

What does Max admire in Amelie?

Sie ist _____

Sie hat _____

What does Amelie admire in Max?

Er ist _____

Er hat _____

ein wundervoller Mensch	– der wundervollste Mensch
eine intelligente Schauspielerin	– die intelligenteste Schauspielerin
ein schönes Gesicht	– das schönste Gesicht
schöne Haare	– die schönsten Haare

cf. p. 171

3 Fill in the blanks.

Max ist ein wundervoller Mensch.

Aber für Melanie ist er der _____ Mensch!

Amelie ist eine wunderschöne Frau.

Aber für Max ist Melanie die _____ Frau!

Max hat ein schönes Gesicht.

Aber für Melanie ist es das _____ Gesicht!

Melanie hat auch schöne Haare.

Aber für Max sind es die _____ Haare!

Max ist aber leider auch ein sehr nervöser Schauspieler!

Für Melanie ist er deshalb der _____ Schauspieler!

deshalb   *that's why, for this reaso*

4 Fill in the blanks.

Amelie kennt viele Menschen,
aber Max ist der wundervollste Mensch, den sie kennt.

Max kennt viele schöne Frauen,
aber Amelie ist die wunderschönste Frau, _____

Amelie kennt viele Schauspieler,
aber Max ist der nervöseste Schauspieler, _____

ake up similar dialogs yourself.

) Kennen Sie „Die Blechtrommel?"
 △ Oh ja! Das ist ein Roman, den ich sehr mag!

) Haben Sie „Das Boot" gesehen?
 △ Nein. Aber das ist ein Film, den ich sehr gerne
 sehen möchte!

Der Film ist gut.	**Ein** Film, **den** ich liebe.
Das Land ist interessant.	**Ein** Land, **das** ich kenne.
Die Oper ist phantastisch.	**Eine** Oper, **die** ich gerne sehen möchte.

from the film «Das Boot»

Hast du ... schon gehört?

Kennen Sie?

Mögen Sie?

Haben Sie schon ... besucht?

Haben Sie ... gesehen?

Lieben Sie ...?

Haben Sie ... gelesen?

das Land	die Stadt	der Roman	der Film
der Wein	das Museum	die Oper	das Buch

ich mag   *I like*

The filmstar Paul Neske and his partner Laura Bird are to appear in a talk show. But Paul Neske doesn't turn up in the studio. The producer, his assistant and the host of the show all start to get worried ...

⑥ **Who is talking? Match up the dialogs with the people doing the talking.**

①

○ Ich bin beunruhigt.
   Der Neske ist noch nicht da!

△ Ja ... hast du denn schon im Hotel angerufen?
   Natürlich! Aber er ist nicht im Hotel. Und niemand sah ihn weggehen!

△ Ist ja merkwürdig. Ist denn sein Fahrer noch im Hotel?

○ Ja, aber die Dame, mit der er sprach, sagte mir, daß Neske meistens zu Fuß geht.

③

○ Kann ich ein Autogramm haben?

△ Sehr gern!

○ Dankeschön!

△ Das war doch der Bus, mit dem ich fahren wollte!

○ Frau Bird, können Sie mir sagen, wo ich Paul Neske finden kann?

△ Ja, ist er denn immer noch nicht da?

○ Nein!

△ Ich weiß nicht, wo er ist. Wissen Sie, ich habe heute gedreht, und Paul hatte heute frei!

○ Meine sehr verehrten Damen und Herren. Ich bitte um Ihre Aufmerksamkeit. Wir müssen mit unserer Talkshow leider ohne Herrn Neske beginnen. Er ist noch unterwegs. Aber Frau Bird, seine Partnerin, ist da. Und ich bin sicher: sie ist eine interessante Gesprächspartnerin.

der Regisseur, die Regisseure	director
beunruhigt	worried
anrufen	to call, to ring
niemand	no one, nobody
merkwürdig	strange, curious
zu Fuß gehen	to walk
das Autogramm, die Autogramme	autograph

der Bus, die Busse	bus
drehen (einen Film drehen)	to shoot (to shoot a film
die Aufmerksamkeit	attention
leider	unfortunately
beginnen	to begin
unterwegs	on the way

158

⑤

○ Frau Bird, kann ich mit Ihnen
   Deutsch sprechen?

△ Versuchen Sie es!

○ Sie sind die Partnerin von
   Paul Neske in diesem Film. Ist
   Paul Neske ein Schauspieler, mit
   dem es schwierig ist zu arbeiten?

△ Oh nein! Er ist nicht schwer.
   Er wiegt nur 60 Kilogramm.

○ Entschuldigen Sie. Ich meinte
   nicht "schwer"! Ich meinte
   "schwierig", kompliziert ...

△ Oh ja, ja - er ist schwierig!
   Paul ist jemand, der alles besser weiß!

⑥

○ Neske ist da!

△ Sofort ins Studio.
   Wir haben noch zwei Minuten!

⑦

○ Da ist der Star, auf den wir schon
   den ganzen Abend warten!
   Herzlich willkommen!

△ Entschuldigen Sie bitte! Ich ...

□ Du brauchst dich nicht zu
   entschuldigen, Paul. Wir haben uns auch
   ohne dich sehr gut unterhalten ...

a) Der Talkmaster
b) Assistentin und Regisseur
c) Assistentin und Laura Bird
d) Talkmaster und Frau Bird
e) Paul Neske und Fan
f) Talkmaster, Paul Neske und Laura Bird

1	2	3	4	5	6	7

Deutsch sprechen	to speak German	schwer	heavy, difficult	jemand	someone, somebody	ohne	without
versuchen	to try	wiegen	to weigh	besser	better	unterhalten	to have a talk, to amuse oneself
schwierig	hard, difficult	meinen	to mean				

Glossary and Key

1 Amelie: Oh, Max, du bist der wundervollste Mensch,   *Oh, Max, you're the most wonderful person I know.*
           den ich kenne!
      Max: Und du bist die wundervollste Frau, die ich kenne.   *And you're the most wonderful woman I know.*
      Amelie: Das ist das schönste Gesicht, das ich kenne.   *That's the loveliest face I know.*
      Max: Und das sind die schönsten Haare, die ich kenne.   *And that's the loveliest hair I know.*
      Amelie: Du bist der nervöseste Schauspieler, den ich kenne!   *You're the most nervous actor I know!*

2 Sie ist die wundervollste Frau.
    Sie hat die schönsten Haare.
    Er ist der wundervollste Mensch.
    Er hat das schönste Gesicht.

3 ... der wundervollste Mensch!
    ... die wunderschönste Frau!
    ... das schönste Gesicht!
    ... die schönsten Haare!
    ... der nervöseste Schauspieler!

4 ... die wunderschönste Frau, die er kennt.
    ... der nervöseste Schauspieler, den sie kennt.

5 *There are, of course, several possible ways of making up dialogs.*
    Here are some suggestions:

    ○ Kennen Sie „Aida"?
    △ Oh ja, das ist eine Oper, die ich sehr mag.
      (Das ist die tollste Oper, die ich kenne.)
      (Ja, aber das ist eine Oper, die ich nicht mag.)

    ○ Haben Sie schon Rom besucht (gesehen)?
    △ Oh ja! Das ist eine Stadt, die ich wunderbar finde!
      (Nein. Aber das ist eine Stadt, die ich sehr gerne sehen möchte.)

    ○ Haben Sie schon Rheinwein getrunken?
    △ Oh ja, das ist ein Wein, den ich sehr oft trinke!

6

1	2	3	4	5	6	7
b	c	e	a	d	b	f

Franziska and Julian have gone up from Munich to Cologne to see the Carnival there. In Cologne, Franziska runs into two old schoolfriends of hers, Hella and Stefanie, whom she hasn't seen for two years. They arrange to meet the next day at the big Carnival parade ...

What belongs together? Reconstruct the dialog by matching the statements on the left-hand side with the appropriate replies.

Hella:
"Das ist ja Franziska!"

a) *Franziska:*
"Ja, ich freue mich auch sehr!"

Franziska:
"Das waren meine beiden Schulfreundinnen Hella und Stefanie. Ich habe die beiden seit zwei Jahren nicht mehr gesehen!"

b) *Julian:*
"Seit gestern abend."

c) *Julian:*
"In der Trankgasse."

Hella:
"Schön, dich wiederzusehen, Franziska!"

d) *Julian:*
"So ein Zufall! Köln ist eben klein!"

Stefanie:
"Seit wann seid ihr hier?"

Hella:
"Wo schaut ihr euch den Zug an?"

e) *Franziska:*
"Mensch, Hella! - Stefanie!"

f) *Franziska:*
"Ich würde schon, aber Julian mag nicht."

Stefanie:
"Kostümiert ihr euch?"

1	2	3	4	5	6

anschauen — to look at
der Zug (Umzug) — parade
sich kostümieren — to dress up, to wear a costume

der Zufall, die Zufälle — coincidence,
eben — just, simply

Everyone is there to see the parade, including Hella's boyfriend, Dominik, and Stefanie's boyfriend, Jens. But because everyone except Julian is wearing a costume, there are some cases of "mistaken identity" ...

> Franziska: Ach, Julian, ich finde den
> Kölner Karneval herrlich!
> Du nicht?
>
> Julian: Doch, - doch.
> Ein bißchen laut ist er
> schon, - oder?
>
> Franziska: Das ist doch schön! Komm!

2 Which solution is correct? Mark it with a cross.

- ☐ a) Julian findet den Karneval phantastisch.
- ☐ b) Julian glaubt, daß der Karneval in Köln sehr laut ist.
- ☐ c) Der Karneval ist nicht schön.

Julian is surrounded by people in costumes – and he doesn't recognize them. In the commotion he loses sight of his wife ...

> Julian: Laßt mich los, bitte!
> Meine Frau ist weg!
>
> Hella: Die finden wir schon wieder!
>
> Dominik: Wozu brauchst du jetzt deine Frau?
> Du hast doch uns!
>
> Julian: Wer seid ihr? Kennt ihr mich?
> Sagt doch! Seid ihr die Freunde
> von Franziska?

3 Mark the correct statement with an x.

- ☐ a) Julian ist nicht glücklich.
- ☐ b) Hella sucht Franziska.
- ☐ c) Julian weiß, daß es die Freunde von Franziska sind.

4 And how did the story end?

Mark the right answer with an x.

- ☐ a) Die Freunde bringen Franziska zu Julian zurück.
- ☐ b) Julian findet seine Frau erst am nächsten Tag.
- ☐ c) Alle sind wieder zusammen und feiern den Karneval.

Laßt mich los!	Let go of me!
Wozu?	What for?
der Karneval	Carnival, Mardi Gras

Glossary and Key

1	2	3	4	5	6
e	d	a	b	c	f

2 b

3 a

4 c

Reference Grammar

A Sentence Patterns

The Main Clause

The center of the German sentence is the verb, around which the other parts of the sentence are assembled.

	1	2 verb	3
The statement			
	Ich	heiße	Amelie.
	Mein Name	ist	Meier.
	Meier	ist	mein Name.
	Das	ist	Anna.
The question with a question word		verb	
	Wie	heißen	Sie?
	Wo	ist	Melanie?
The yes/no question	verb		
	Haben	Sie	ein Zimmer frei?
	Nehmen	Sie	das Zimmer?

Encapsulation in the German sentence

One main characteristic of the German sentence is that the verb frequently appears in two parts. In such cases it forms a sort of "frame" encapsulating the other parts of the sentence.

a) Separable verbs

Infinitive	1	2 verb	3	4 verb
hierbleiben	Wir	bleiben	nicht	hier.
losfahren	Wir	fahren	morgen	los.

b) Modal verbs with infinitive

hierbleiben mögen	Ich	muß	heute noch	hierbleiben.
losfahren wollen	Wir	wollen	aber heute	losfahren.

c) Perfect Tense

träumen	Ich	habe	gestern	geträumt.
fliegen	Ich	bin	über das Wasser	geflogen.

d) Passive Voice

bringen	Der Kaffee	wird	heute abend	gebracht.
schließen	Die Fenster	werden	aber nicht	geschlossen.

Subordinate Clauses

Subordinate clauses with *weil* (causal clauses) → p. 96, 98
Subordinate clauses with *als* (temporal clauses) → p. 119
Subordinate clauses with *wenn* (conditional clauses, temporal clauses) → p. 123, 151
Indirect Question Clauses → p. 149
Subordinate clauses with a relative pronoun (*der, die, das,* etc.) → p. 155

B   The Verbal Phrase

Conjugation: The Present Tense

singular			plural		
ich komm e			wir komm en		
du komm st			ihr komm t		
Sie komm en	zu spät.		Sie komm en	zu spät.	
er					
sie komm t			sie komm en		
es					

1. Verbs whose stem ends in -s, -ß or -z drop the -s- of the -st ending in the 2nd person singular:

   heißen: du heißt   tanzen: du tanzt

2. Verbs whose stem ends in -d, -t or a consonant (except l and r) + n add an -e- in the 2nd person singular and plural and the 3rd person singular:

   finden: du findest, er findet, ihr findet – warten: du wartest, er wartet, ihr wartet – öffnen: du öffnest, er öffnet, ihr öffnet

3. Some irregular verbs change the stem vowel in the 2nd and 3rd person singular:

   sehen: du siehst, er sieht   geben: du gibst, er gibt
   helfen: du hilfst, er hilft   fahren: du fährst, er fährt
   lesen: du liest, er liest   schlafen: du schläfst, er schläft
   sprechen: du sprichst, er spricht   tragen: du trägst, er trägt
   nehmen: du nimmst, er nimmt

Separable Verbs

The stressed first syllable of a large number of verbs is separated from the stem when the verb is conjugated:

anfangen: Ich fange heute morgen an.

zurückkommen: Ich komme früh zurück.

hierbleiben: Ich bleibe nicht hier.

The Imperative

	gehen	nehmen	anfangen
Singular	geh !	nimm !	fang an!
	geh en Sie !	nehm en Sie !	fang en Sie an!
Plural	geh t !	nehm t !	fang t an!
	geh en Sie !	nehm en Sie !	fang en Sie an!

The Auxiliary Verbs: *haben / sein / werden*

Singular

1st person	ich habe	ich bin	ich werde
2nd person	du hast	du bist	du wirst
	Sie haben	Sie sind	Sie werden
3rd person	er sie es | hat	er sie es | ist	er sie es | wird

Plural

1st person	wir haben	wir sind	wir werden
2nd person	ihr habt	ihr seid	ihr werdet
	Sie haben	Sie sind	Sie werden
3rd person	sie haben	sie sind	sie werden

The Modal Verbs

Singular

1st person	ich möchte	ich will	ich muß	ich kann	ich darf
2nd person	du möchtest	du willst	du mußt	du kannst	du darfst
	Sie möchten	Sie wollen	Sie müssen	Sie können	Sie dürfen
3rd person	er sie es | möchte	er sie es | will	er sie es | muß	er sie es | kann	er sie es | darf

Plural

1st person	wir möchten	wir wollen	wir müssen	wir können	wir dürfen
2nd person	ihr möchtet	ihr wollt	ihr müßt	ihr könnt	ihr dürft
	Sie möchten	Sie wollen	Sie müssen	Sie können	Sie dürfen
3rd person	sie möchten	sie wollen	sie müssen	sie können	sie dürfen

Conjugation: The Perfect Tense

The Perfect Tense is formed with the conjugated form of *haben* or *sein* plus the past participle of the verb.

träumen: ich habe geträumt, du hast geträumt, er hat geträumt etc.
fliegen: ich bin geflogen, du bist geflogen, er ist geflogen etc.

Perfect Tense with sein and Perfect Tense with haben → p. 57, 101

The Past Participle

Regular Verbs		*Irregular Verbs*	
machen:	ge macht	nehmen:	ge nommen
warten:	ge wartet	helfen:	ge holfen
aufpassen:	auf ge paßt	anfangen:	an ge fangen
besuchen:	besucht	verstehen:	verstanden
funktionieren:	funktioniert	sein:	ge wesen
haben:	ge habt		

In spoken German, the Perfect Tense is the form most commonly used to express the past (particularly in Southern Germany). It differs from the Imperfect Tense in that it expresses the speaker's relationship to past events and actions, or these have some particular effect on him/her, or it describes an action or state which has started in the past and lasts to the present (from the speaker's point of view).

Conjugation: The Imperfect Tense

sagen		geh en	
ich	sag t e	ich	ging
du	sag t est	du	ging st
Sie	sag t en	Sie	ging en
er sie es	sag t e	er sie es	ging
wir	sag t en	wir	ging en
ihr	sag t et	ihr	ging t
Sie	sag t en	Sie	ging en
sie	sag t en	sie	ging en

Regular Verbs   *Irregular Verbs*

Auxiliary Verbs

As far as auxiliary verbs are concerned, the most common form of expressing the past in spoken German is the Imperfect Tense, which is preferred to the rather more clumsy Perfect Tense.
haben / müssen / können / wollen / dürfen are conjugated in the same way as the regular verbs, while *sein* follows the pattern of the irregular verbs:

haben: ich hatte, du hattest, er hatte etc.
müssen: ich mußte, du mußtest, er mußte etc.
können: ich konnte, du konntest, er konnte etc.
wollen: ich wollte, du wolltest, er wollte etc.

sein: ich war , du war st, er war , wir war en, ihr war t, sie war en

Conjugation: The Future Tense

The Future Tense is formed with the conjugated form of *werden* plus the infinitive of the verb:

regnen: es wird regnen.

However, the most common way of expressing the future in German is by using the Present Tense.

Conjugation: The Passive Voice

The passive is formed with the conjugated form of *werden* plus the past participle of the verb:

öffnen: Die Tür wird geöffnet.

Passive constructions are used when the focus is on the event or action rather than on the person involved.

Conjugation: The Imperfect Subjunctive

The Imperfect Subjunctive can be formed by using *würde* (the Imperfect Subjunctive of *werden*) plus the infinitive of the verb. The Imperfect Subjunctive is used for polite requests or unreal situations.

a) Wenn ich könnte, würde ich nach Italien reisen.
b) Wir könnten ins Kino gehen.
c) Würden Sie mir bitte helfen?
d) Ich hätte gerne einen Mann.

Auxiliary and Modal Verbs

Auxiliary and modal verbs take a special form in the Imperfect Subjunctive:

sein: ich wäre, du wärst, er wäre, wir wären, ihr wärt, sie wären
haben: ich hätte, du hättest, er hätte, wir hätten, ihr hättet, sie hätten
werden: ich würde, du würdest, er würde, wir würden, ihr würdet, sie würden
können: ich könnte, du könntest, er könnte, wir könnten, ihr könntet, sie könnten

C The Nominal Phrase

The indefinite article	**The definite article**	
singular	*singular*	
Das ist ein Schlüssel .	Der Schlüssel kostet 8,– DM	*masculine*
Das ist eine Lampe .	Die Lampe kostet 90,– DM	*feminine*
Das ist ein Motorrad .	Das Motorrad kostet 2000,– DM	*neuter*
*plural**	*plural**	
Das sind Schlüssel .	Die Schlüssel kosten 300,– DM Die sind zu teuer.	*masculine*
Das sind Lampen .	Die Lampen kosten 250,– DM	*feminine*
Das sind Motorräder .	Die Motorräder sind zu teuer.	*neuter*

* German nouns form their plurals in different ways, which is why it's best to learn each noun with its article and plural form.

„ein" – „kein"

Was ist das? Ist das ein Schlüssel ?

Nein, das ist kein Schlüssel ,

das ist eine Lampe .

	masculine		*feminine*		*neuter*	
singular	ein kein	Schlüssel	ein e kein e	Lampe	ein kein	Motorrad
plural	– kein e	Schlüssel	– kein e	Lampen	'– kein e	Motorräder

The Cases

Nouns, adjectives, articles and determiners can have up to four different forms: the cases. The four cases are nominative, accusative, genitive, dative.
The subject of a sentence, for instance, appears in the nominative case, and the complements are in the dative or accusative.

	masculine	feminine	neuter	
nominative				
Hier ist	der Hut,	die Tasche,	das Hemd	Wer oder was
accusative				
Ich nehme	den Hut,	die Tasche,	das Hemd	Wen oder was
Ich nehme	ihn ,	sie ,	es .	

cf. p. 29

dative				
Ich gebe	dem Freund,	der Freundin,	dem Kind die Tasche.	Wem ?

cf. p. 48

Ich gebe	ihm ,	ihr ,	ihm den Hut.

The Attributive Use of the Adjective

		singular	plural
nominative	Wohin kommt	der groß e Schrank? die neu e Tasche? das groß e Bett?	Wohin kommen die groß en Schränke?
dative	Ich schenke	dem neu en Freund der neu en Freundin eine Tasche. dem klein en Kind	Ich schenke den neu en Freunden eine Tasche.
accusative	Er kauft	den groß en Schrank. die schön e Tasche. das neu e Sofa.	Er kauft die groß en Schränke.

D Prepositional Complements

Prepositions taking either the dative or accusative

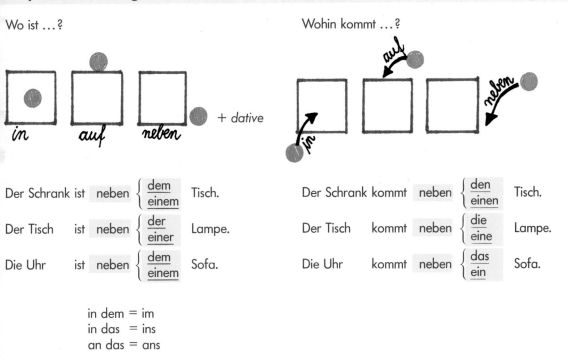

Der Schrank ist	neben	dem / einem	Tisch.	
Der Tisch ist	neben	der / einer	Lampe.	
Die Uhr ist	neben	dem / einem	Sofa.	

Der Schrank kommt	neben	den / einen	Tisch.	
Der Tisch kommt	neben	die / eine	Lampe.	
Die Uhr kommt	neben	das / ein	Sofa.	

in dem = im
in das = ins
an das = ans

E Comparison of Adjectives

Das Sofa ist schön.
Ich finde das Sofa schöner als das neue hier.
Das Sofa ist am ältesten und am schönsten.

	simple form	comparative	superlative
regular	schön	schön er	am schön sten
	teuer	teur er	am teuer sten
with vowel shift	alt	ält er	am älte sten
	groß	größ er	am grö ßten
	kurz	kürz er	am kürz esten
irregular	gut	bess er	am be sten
	gern	lieb er	am lieb sten
	viel	mehr	am mei sten

Alphabetical Word List

The following word list contains all the important words and phrases from this handbook. The page numbers given refer to the page on which you can find the particular word or phrase in translation.

Nouns are given with the appropriate endings for the plural forms, e. g. der **Abend**, -e = die **Abende** in the plural. In some cases you'll also find the sign ˝, which indicates that an umlaut is added to change the main vowel in the plural, e. g. der **Apfel**, ˝ = die **Äpfel** in the plural.

	Pages		Pages		Pages		Pages
A		die **Aufmerksamkeit**	158	das **Blumengesteck**, -e	30	der **Dienstag**, -e	138
		aufpassen	42	der **Blumenstrauß**, ˝e	78	**dieser**, e, es	44/66/68
der **Abend**, -e	42/100	**aufstehen**	18	die **Bluse**, -n	100	**dir** (→ du)	68
abends	100	der **Aufzug**, ˝e	62	**brauchen**	19/26/134	der **Direktor**, -en	87
die **Abendzeitung**, -en	100	das **Auge**, -n	136	**braun**	136	**doch**	37/123
aber	32/38	der **August**	138	der **Brief**, -e	56	der **Doktor**, -en	100
ablaufen	147	**aussehen**	142	die **Briefmarke**, -n	74	der **Donnerstag**, -e	138
abnehmen	133	das **Auto**, -s	134	die **Brieftasche**, -n	146	der **Dornkaat**	80
abreißen	127	das **Autogramm**, -e	158	die **Brille**, -n	56	**draußen**	42
das **Abseits**	55	der **Autoschlüssel**, –	131	**bringen**	54/62	**drehen**	134/158
abtrennen	127			das **Brötchen**, –	140	**dreimal**	147
ach!	132	**B**		das **Brot**, -e	18	**drüben**	132
ach so!	74	das **Bad**, ˝er	18	die **Brücke**, -n	92	**drücken**	62/134
acht	20	der **Bahnhof**, ˝e	51	das **Buch**, ˝er	94	**du**	14
ärgern (sich)	114	**bald**	38	der **Bundes-**		**dürfen**	42/51
die **Ärztin**, -nen	151	der **Baum**, ˝e	123	**präsident**, -en	61	**dunkel**	142
ah!	56	die **Banane**, -n	24	die **Burg**, -en	146	**durch**	92
aha!	14	der **Beamte**, -n	147	der **Bus**, -se	158	**durchschneiden**	127
die **Ahnung**, -en	134	**begeistert**	32			
der **Alarm**	62	**beginnen**	158	**C**		**E**
alle	73	**bei**	87	die **Champignon-**		**eben**	56
allein	93	das **Bein**, -e	142	**cremesuppe**, -n	80	die **Ecke**, -n	68
alles	26	**bekommen**	132			**eilig**	142
als	68	das **Benzin**	131	**D**		**ein**	14
also	80	**beruhigen** (sich ~)	122	**da**	26/132	**einfach**	124
alt	68	**besetzt**	14	das **Dach**, ˝er	134	**einmal**	147
am	68/100/107	**besorgen**	140	**dafür** (→ für)	74	**einschlafen**	122
am (= an der, dem)	99	**besser** (→ gut)	159	**dagegen** (→ gegen)	74	**egal**	80
andere	68	der **Besuch**, -e	116	**da hin** (→ hin)	51	**elegant**	97
anfangen	36	**besuchen**	116	die **Dame**, -n	24	die **Eltern**	114
anrufen	158	der **Betriebsrat**, ˝e	72	**danke**	20/44	**empfangen**	61
anschauen	93/161	die **Betriebs-**		**dann**	44/51/62	**endlich**	74/110
anspringen	134	**versammlung**, -en	72	**darf** (→ dürfen)	51	**entfernt**	152
der **Apfel**, ˝	24	das **Bett**, -en	13	**darüber** (→ über)	74	**entschuldigen**	50
der **April**	138	**beunruhigt**	158	**das**	12/14/62	die **Entschuldi-**	
die **Arbeit**, -en	20	**bewegen** (sich ~)	116	**das heißt**	140	**gung**, -en	20
arbeiten	20	**bezahlen**	141	**daß**	82	**entsetzlich**	36
der **Arbeitsplatz**, ˝e	152	das **Bier**, -e	30	**davon** (→ von)	110	**er**	32
der **Arm**, -e	136	**billig**	26	**dein**	32	der **Erdbeerkuchen**, –	110
die **Artistin**, -nen	154	**bin** (→ sein)	32	**dem** (→ der)	56	**erholen** (sich ~)	152
der **Arzt**, ˝e	151	**bis**	128	**den** (→ der)	62/160	die **Ernte**, -n	127
der **Aschenbecher**, –	62	**bitte**	14/20/26	**denn**	26/62	**erst**	142
die **Assistentin**, -nen	159	**bitte sehr!**	80	**der**	14/62	**erste**	66
die **Astronautin**, -nen	154	**bitten**	44/74	**deshalb**	15	**es**	20/44
attraktiv	80	das **Blatt**, ˝er	128	**deutsch**	159	**es geht** (nicht)	142
auch	20	**blau**	68	**Deutschland**	151	**es gibt**	44
auf	56/62/74	**bleiben**	38/114	der **Dezember**	138	**essen**	80
auf dein Wohl	141	**blond**	136	**dich** (→ du)	44	der **Eßtisch**, -e	68
auf Wiederhören	139	**blühen**	128	**die**	18/26	**etwas**	24/74
auf Wiedersehen	26	die **Blume**, -n	68			**euch** (→ ihr)	74
aufhaben	100					

Acknowledgement

We are grateful to the following for permission to reproduce copyright photographs:

cover: *Schloß Neuschwanstein:* Joachim Kinkelin, Europa Farbarchiv (Fridmar Damm), Worms;
Burg Gutenfels/Rhein: Joachim Kinkelin, Europa Farbarchiv (F. Pahlke), Worms;
Heidelberg: Joachim Kinkelin, Europa Farbarchiv, Worms; *Köln:* Bildagentur Mauritius
(M. Vidler), Mittenwald; *Oberbayern:* Joachim Kinkelin, Europa Farbarchiv, Worms

p. 12 *Freiburg:* Bavaria Bildagentur (Messerschmidt), Gauting

p. 18 *Nürnberg:* Bavaria Bildagentur (IPCE), Gauting

p. 35 *Wasserburg:* Bavaria Bildagentur (Klammet & Aberl); *Menzenschwand:* Bavaria Bildagentur
(K. W. Gruber); *Hallstadt:* Bavaria Bildagentur (Martzik)

p. 55 *München, Olympiastadion:* Klammet & Aberl, Germering

p. 59 *Bonn, Marktplatz:* Bavaria Bildagentur (Storck); *Deutscher Bundestag:* Bavaria Bildagentur
(Laurinpress); *Bundeshaus:* Klammet & Aberl, Germering

p. 67 *Studenten in einer Wohngemeinschaft:* Anne Rech, München

p. 88 *Bücher:* Barbara Stenzel, München

p. 90 *Schild:* Sabine Wenkums, München

p. 91 *Skifahrer:* Bavaria Bildagentur (Dr. Bahnmüller); *Haus:* Bavaria Bildagentur (Hubert Manfred);
Salzburg: Bavaria Bildagentur (Tschanz-Hofmann)

p. 92 *Salzburg:* © Baedekers Österreich Reiseführer 1988

p. 99 *Die Wieskirche:* Bavaria Bildagentur (Merten); *Neuschwanstein:* Bavaria Bildagentur (Nägele)
Schloß Linderhof: Bavaria Bildagentur (Hiroshi Higuchi)

p. 103 *Brandenburger Tor:* IFA-BILDERTEAM, München

p. 114 *Skiabfahrt:* Bavaria Bildagentur (Gritscher)

p. 133 *Telefonpiktogramme:* Barbara Stenzel, München

p. 141 *Ruhrgebiet:* Bavaria Bildagentur (Rose)

p. 145 *Matterhorn:* Bavaria Bildagentur (Hiroshi Higuchi); *Rheinfall:* Bavaria Bildagentur (Deuchert);
Senn: Bavaria Bildagentur (Anton Geisser); *Stein am Rhein:* Bavaria Bildagentur (Mathyschok

p. 157 *Szene aus dem Film «Das Boot»,* Neue Constantin Film GmbH, München